골로새서 산책

설교와 통독을 위한 골로새서 연구

최흥식 지음

한국성서학연구소
KOREA INSTITUTE OF BIBLICAL STUDIES

골로새서 산책—설교와 통독을 위한 골로새서 연구 / 최흥식 지음
Exposition on Colossians

Publishing House Korea Institute of Biblical Studies
Seoul, Korea

ISBN 978-89-86015-14-0 93230

이 도서의 국립중앙도서관 출판예정도서목록(CIP)은 서지정보유통지원시스템 홈페이지(http;//seoji.nl.go.kr)와 국가자료공동목록시스템(http://www.nl.go.kr/kolisnet)에서 이용하실 수 있습니다.

목차

머리말

이 책은 한국성서학연구소가 주관한 성서신학마당에서 강의한 원고에 기초를 둔 것이다. 성경을 통독하거나 공부하고 싶은 그리스도인들을 위한 골로새서 강해서이다. 그리고 강해설교를 하는 설교자들을 위한 해설서이다. 학문적인 주석서는 아니지만 원문 주석에 근거한 해설과 메시지를 담고 있다. 골로새서의 역사적 상황과 수사적 상황을 분석하여 바울이 골로새 교회 성도들에게 말하고자 하는 내용을 주해하고 있다. 그리고 본문의 의미와 중요성을 해석하여 오늘날 그리스도인들이 자신들의 삶 가운데 숙고하고 적용할 수 있는 것들을 찾아 설명하고 있다.

골로새서는 골로새 교회의 문제해결을 위한 "상황적 서신"(situational letter)으로 약 이천 년 전에 바울이 골로새 교회 성도들에게 보낸 서신이다. 에바브로디도에 의해 세워진 골로새 교회는 믿음과 소망과 사랑이 있는 교회였지만 외부로부터의 도전과 위협을 직면하고 있었다. 바울은 골로새 교회로 들어온 어떤 철학과 종교적 가르침으로 인해 발생된 문제들을 해결하기 위해 이 서신을 작성했다. 그런데 이 서신이 작성된 후 매우 오랜 시간이 지난 오늘날에도 우리는 골로새서를 읽고 묵상하고 골로새서 본문에 대한 설교를 듣고 있다. 그리고 설교자는 골로새서 말씀을 설교하고 있다. 그 이유는 그리스도인들은 골로새서를 단순히 고전의 책이 아니라 하나님의 말씀으로 받아들이기 때문이다. 또한 이 서신이 우리의 신앙과 삶의 준거를 제시하고 있으며 바울의 신학과 사상과 기독교 신앙을 이해하는 데 중요하기 때문이다. 하지만 골로새서는 그리스도인들이 즐겨 읽거나 목회자들이 자주 설교하는 성경은 아닌 것 같다. 그 이유는 아마도 골로새서에 난해 본문이 많아 읽거나 설교하기가 꺼려지기 때문일 것이다. 또는 골로새서의 내용이 우리의 이슈와 상황과 직접적으로 관련이 없다고 간주하기 때문일 것이다. 그런데 골로새서는 살아있는 하나님의 말씀이므로 그리스도인들은 이 성경을 자주 읽고 묵상하며 설교자는 가르치고 설교하는 것이 마땅한 것이다. 성경을 취사선택해서 공부한다거나 설교하는 것은 음식 먹는 것에 비유하자면 편식하는 것이나 먹기 편한 음식을 제공하는 것과 같은 것이다. 사실 골로새서는 이단들이 활개치고 있고 물질주의적인 세계관이 지배적인 현실 속에 살아가는 오늘날의 그리스도인들이 배워야 할 교훈을 담고 있다. 그리고 교회생활과 가정생활을 어떻게 할 것인가에 대해 가르치고 있다. 그러므로 우리는 골로새서를 읽고 묵상하고 선포해야 하는 것이다. 무엇보다도 골로새서의 가르침을 살아내야 하는 것이다.

이 책은 이천 년의 세월의 간격과 골로새 교회와 바울의 상황과 우리의 상황의 차이가 있지만 그 간격과 차이를 연결시켜 본문의 의미와 중요성을 독자들에게 전달하려 한다. 골로새서의 메시지를 전달하여 독자들이 그것을 청종할 수 있기를 도전한다. 하나님의 말씀인 골로새서를 읽고 공부하여 그 메시지를 경청하고 선포하기를 소원하는 모든 분들과 이 책을 나누고자 한다. 이 책의 출판을 허락해 주신 한국성서학연구소 장흥길 소장님과 편집 일로 수고하신 장성민 박사님께 심심한 감사를 표한다.

2020년 가을, 최흥식

서론

0.
골로새서 서론

I. 저자

전통적으로 골로새서는 사도 바울의 저작이라고 받아들여졌다. 하지만 19세기에 신약성경에 대한 역사적 비평이 시작된 후 여러 학자들이 골로새서의 바울 저작설을 의심하게 되었다. 근래에 거의 학자들의 반 정도가 골로새서는 바울이 아니라 바울의 제자 중 어떤 사람이 썼다고 주장한다. 그 근거는 골로새서의 어휘와 문체가 바울의 저작으로 의심받지 않는 다른 일곱 서신(로마서, 고린도전서, 고린도후서, 갈라디아서, 빌립보서, 데살로니가전서, 빌레몬서)의 것과 다르다는 것이다. 교리적 가르침이 일곱 서신들과 다르고 칭의론이나 성령에 대한 언급이 없다고 주장하면서 바울 저작설을 부인한다. 그러나 사실 골로새서의 어휘는 바울의 저작이라고 의심받지 않는 서신들에서도 발견되는 익숙한 것들이 많다. 골로새서에서 사용된 독특한 어휘들이 다른 바울 서신들에서 발견되지 않는 이유는 바울이 골로새 교회에 들어온 교사들의 용어들을 사용하고 있기 때문이다. 문체는 다른 서신과 차이점이 있지만 바울은 다양한 문체를 구사할 수 있는 수사력과 문장력을 가졌으며 대서자(amanuensis)의 문체를 용인했을 가능성도 있다. 다른 서신에서는 거의 사용된 적이 없는 독특한 신학적 용어와(예: "비밀", "충만") 교리적 가르침이(예: "우주적 기독론"[cosmic Christology]) 골로새서에 있는 이유는 사도 바울이 자신의 신학을 점차 발전시켰을 것이며 골로새 교회의 이단적 가르침을 공박하기 위해 고안한 독특한 신학적 내용을 골로새서에 포함시켰기 때문이다. 칭의론에 대한 내용이 없는 이유는 갈라디아서, 로마서, 빌립보서와는 다르게 칭의의 이슈가 골로새 교회에서는 발생하지 않았기 때문이다.

바울이 골로새서의 저자라는 사실을 내적 증거와 외적 증거에 의해서 확인할 수 있다. 골로새서 서신 자체가 바울이 저자라고 밝히고 있다(1:1, 23; 4:18). 1:1은 저자가 "하나님의 뜻으로 말미암아 그리스도 예수의 사도 된 바울"이라고 밝힌다. 골로새서의 저자 소개는 모두가 바울의 저작으로 받아들이는 고린도전서와 고린도후서에서 나오는 저자 소개와 거의 동일하다. 특히 고린도후서의 저자 소개("하나님의 뜻으로 말미암아 그리스도 예수의 사도 된 바울")는 골로새서의 저자 소개와 동일하다. 1:23에서는 골로새서를 쓰는 사람이 "나 바울은 이 복음의 일꾼이 되었노라"라고 말한다. "나 바울"('에고 파울로스'[ἐγὼ Παῦλος])은 자신을 강조하기 위해 바울이 습관적으로 사용한 표현인데 모두가 바울의 저작으로 받아들이는 바울서신들에서도(고후 10:1; 갈 5:2; 살전 2:18; 몬 1:19) 똑같은 표현이 나온다. 그리고 4:18은 "나 바울은 친필로 문안하노니"라고 나오는데 원문으로는 "나 바울의 손으로 이 문안인사(를 씁니다)"라고 직역할 수 있다. 이것은 갈라디아서 6:11의 "내 손으로 너희에게 이렇게 큰 글자로 쓴 것을 보라"와 유사하다. 아무리 바울 당시에 위작(pseudopigrapha)이 성행하고 받아들여졌다고 하더라도 바울의 제자들 중 어떤 사람이 바울의 이름을 거짓으로 차용하여 이러한 표현들을 했을 가능성은 매우 낮다고 판단된다. 그리고 초대교회는 골로새서를 바울의 저작으로 받아들였다. 마르시온 경전과 무라토리 경전에 바울의 저작으로 간주되어 포함되었다. 그리고 19세기 전까지는 교회가 골로새서의 바울의 저작으로 받아들였으며 권위 있는 하나님의 말씀으로 인정하였다. 위와 같은 사실들을 고려해 볼 때 바울이 골로새서의 저자일 가능성이 매우 높다.

II. 수신자: 골로새 교회

골로새서의 수신자는 골로새 교회 성도들이다(1:2). 골로새 교회는 로마제국의 속주인 아시아(Asia)에 있는 골로새(Colossae)라는 도시에 세워진 교회이다. 골로새는 라이쿠스(Lycus) 강의 골짜기에 위치했고 에베소(Ephesus)에서 동쪽으로 약 160 킬로미터 쯤 떨어진 도시였다. 아시아 지역의 교역 중심지이며 질 좋은 양모를 생산한 지역이었다. 골로새는 로마제국의 주요도시와 마찬가지로 다양한 민족과 인종들이 살았던 도시였다. 유대인들도 골로새에 거주했으며 유대인 정착촌이 있어 회당(synagogue)이 있었다. 골로새 교회는 바울이 에베소에서 사역하는 기간 동안 형성되었다(행 19장). 바울이 골로새 교회를 세운 것이 아니라(2:1) 에바브라가 그 교회를 세운 복음전도자였다(1:7; 4:12-13). 아마도 바울이 에베소에서 사역하는 동안에 에바브라가 그리스도를 믿게 되었고 바울을 통해 복음을 알게 되었을 것이다. 골로새 도시 안에는 유대인들도 살았지만 대다수 거주민은 이방인들이었다. 에바브라도 이방인이었으므로 주로 이방인들을 전도하여 교회를 세웠다. 그래서 골로새 교회의 구성원은 주로 이방인이었다(2:13 참조). 바울은 골로새 교회를 방문한 적이 없어 골로새 교회에 대해에 잘 알지 못하였다. 하지만 골로새 교회를 목회적으로 돌본 에바브라를(골 4:12-13) 통해 교회의 사정을 알게 되었다. 에바브라는 골로새 교회의 사랑과 믿음에 대해 바울에게 알려주었고 바울은 이를 기쁘게 생각했다. 그러나 바울은 골로새 교회에 발생한 좋지 않은 소식을 전해 들었다. 그것은 골로새 교회에 들어온 잘못된 가르침이었다(2:8, 16, 18-22). 아래에서 살펴보겠지만 "골로새의 이단"의 정체와 성격에 대해서는 학자들 사이에 일치된 견해가 없다. 그러나 대 다수의 학자들은 그것이 금욕적이고 미신적인 성격을 지닌 어떤 유대적 가르침이라고 이해한다(Dunn, *Colossians*, 23-35). 두기고가 골로새 교회에 골로새서를 전달하였다(4:7).

바울은 골로새서의 수신자들인 골로새 교회 구성원들을 성도들과 신실한 형제들이라고 말한다(1:2). 바울에 의하면 골로새 교회 성도들의 대다수가 이방인들 이었으며 악한 행실로 인해 하나님과 올바른 관계를 가지지 못하였다(1:21). 그들은 범죄와 무할례로 죽었던 자들이었다(2:13). 하나님은 이방인이었던 골로새 교회 신자들을 흑암의 권세로부터 그리스도의 나라로 옮기셨으며(1:13), 예수 그리스도의 십자가의 죽음을 통하여 하나님과 화목시키셨다(1:22). 그래서 그들은 성도들이 되어 하나님의 백성으로 포함 되었다. 구약성경에 의하면 주로 이스라엘 백성들이 "성도들"(saints)이다. 또한 골로새 교회 신자들은 바울의 신실한 형제들이다. 하나님을 의지하고 순종하는 하나님께 신실한 자들이라는 것이다. 바울은 그들을 하나님의 가정의 식구로 생각하여 형제들로 여긴다. 그는 그리스도를 중심으로 한 믿음과 소망 그리고 사랑을 같이 가지고 있기 때문에 그들을 신실한 형제들로 간주했다.

III. 골로새 교회의 문제: 골로새 교회의 이단

바울은 어떤 사람들이 골로새 교회 성도들에게 잘못된 가르침을 전하고 있다는 소식을 에바브라를 통해 알게 되었다. 바울은 그 가르침에 대하여 다음과 같이 묘사하고 있다.

1. "누가 철학과 헛된 속임수로 너희를 노략할까 주의하라 이것이 사람의 유전과 세상의 초등 학문을 좇음이요 그리스도를 좇음이 아니니라"(2:8).

2. "먹고 마시는 것과 절기나 월삭이나 안식일을 인하여 누구든지 너희를 폄론하지 못하게 하라"(2:16).

3. "누구든지 일부러 겸손함과 천사 숭배함을 인하여 너희 상을 빼앗지 못하게 하라 저가 그 본 것을 의지하여 그 육체의 마음을 좇아 헛되이 과장하고 머리를 붙들지 아니하는지라"(2:18-19a).

4. "너희가 세상의 초등 학문에서 그리스도와 함께 죽었거든 어찌하여 세상에 사는 것과 같이 의문에 순종하느냐 곧 붙잡지도 말고 맛보지도 말고 만지지도 말라 하는 것이니 사람의 명과 가르침을 좇느냐"(2:20-22).

골로새 교회에 등장한 바울의 거짓 교사들의 정체와 그들의 가르침의 구체적 내용과 신학에 대해서는 학자들 사이에 일치된 견해가 없다. 거짓 교사들이 남긴 기록도 없거니와 골로새서에서 알아낼 수 있는 내용도 제한적일 수밖에 없다. 그리고 골로새 지역의 종교와 철학에 대한 자료도 별로 없으며 어떤 사상이 "거짓 교사들"의 가르침에 담겨있었는지에 대해서 알기란 매우 힘들다. 또한 그들의 가르침과 성격에 대해 바울이 자신의 관점에서 기록한 골로새서의 내용에 의존할 수밖에 없어 그 내용을 자세하고 정확하게 알기란 힘든 실정이다. 하지만 바울의 주관적인 묘사에도 불구하고 그들의 가르침을 명확히 알 수 있는 다른 자료가 마땅히 없으므로 골로새서에 나오는 내용들을 가지고 거짓 교사들의 정체와 가르침의 내용들을 알아보아야 할 것이다.

바울은 2:8에서 거짓 교사들의 가르침을 "철학"('필로소피아'[philosophy])이라고 간주한다. 철학이란 말은 그레코 로마 세계에서 진리와 지혜를 추구하는 학문과 사상을 가리키는 일반적 용어이다. 바울은 이 철학을 "헛된 속임수"라고 묘사하면서 그들의 가르침을 폄하한다. 바울은 이 철학이 인간적인 전통에 의거한 가르침이라고 규정하면서 믿고 따라야 할 교훈이 아니라고 주장한다. 바울은 나아가 이 철학이 그리스도가 아니라 "세상의 초등학문"에 의거하고 있다고 말하면서 이 철학을 부정한다. 개역개정에서 "세상의 초등학문"으로 번역된 '타 스토이케이아 투 코스무'(τὰ στοιχεῖα τοῦ κόσμου)는 문자적으로 "세상의 요소들"로 번역할 수 있다. "세상의 요소들"이 무엇을 의미하는지를 정확히 알기는 힘들다. 아래에서 살펴보겠지만 이것은 물질적 세계를 구성하고 있는 요소들인 땅, 공기, 물, 불을 지칭하는 용어이다. 고대근동과 그레코 로마 세계에서 땅과 공기와 물과 불은 종종 인간의 종교적 신앙, 그리고 그 신앙에 따른 실천과 상관관계가 있었다. "세상의 요소들"에 근거한 이와 같은 신앙과 종교적 실천 행위들은 바울의 관점에서 보면 우상숭배이며 이교적인 것이었다. 바울의 이러한 판단의 기준은 그리스도이다. 바울이 그리스도의 계시를 통해 이해한 기독론과 맞지 않는 어떤 철학과 교훈은 헛된 속임수에 불과하다는 것이다. 바울에게는 그리스도를 아는 지식이 참된 지식이며(빌 3:1-18) 그리스도가 하나님의 지혜이기(고전 1:30) 때문이다. 거짓 교사들의 가르침을 거부하는 이유는 그것이 그리스도의 계시를 통해 주어진 참된 하나님의 지혜가 아니라 인간의 철학과 종교에 근거하고 있기 때문이다.

2. 골로새서 2:16에 의하면 거짓 교사(들)는 골로새 교회 성도들에게 음식과 성일과 절기에 관한 율법 준수를 가르쳤다. 아래에서 자세히 살펴보겠지만 "먹고 마시는 것"은 레위기 11:1-23과 신명기 14:3-21에 나오는 정한 음식과 부정한 음식에 관한 규례와 민수기 6:3과 레위기 10:9에 나오는 주류를 금하는 규례를 가리킨다. "절기"는 유대인들이 지키는 모든 절기들, 특히 유월절, 맥추절과 장막절을 지칭한다(출 23:14-16). "월삭"은 매월 초하루로서 번제를 드리는 날(민 10:10; 28:11)이다. "안식일"은 칠일 중 하루를 쉬는 날로서 하나님의 안식을 기리는 날이다(출 20:8). 거짓 교사들의 가르침은 유대주의적 교훈이라는 것을 알 수 있다.

3. 2:18-19에 의하면 거짓 교사들의 가르침은 겸손과 천사 숭배와 관련이 있음을 알 수 있다. "겸손"은 자기부정(레 16:29; 23:27 참조) 또는 금욕적 삶의 실천으로서의 금식(시 35:13; 사 58:3 참조)과 연

관성이 있는 것 같다. "천사 숭배"가 무엇을 의미하는지에 대해서는 논란이 있지만 크게 두 가지 해석이 있다. 하나는 인간이 천사를 숭배하는 것이고 또 다른 하나는 천사가 하나님을 경배하는 것이다. 나중에 알아보겠지만 천사 숭배는 인간이 천사를 경배하는 것이 아니라 천사가 주도하는 하나님을 향한 경배에 동참하는 것을 의미하는 것으로 볼 수 있다. 아마도 거짓 교사(들)은 천사가 주도하는 하나님을 향한 경배에 참여하여 하늘에서 본 환상을 본 것을 의지하여 그 육체의 마음을 좇아 헛되이 과장한 것 같다.

4. 2:20-22에 의하면 거짓 교사(들)는 골로새 교회 성도들에게 "붙잡지도 말고 맛보지도 말고 만지지도 말라"라고 가르쳤다. 이 가르침은 정결과 음식에 관한 것들이다. "붙잡지 말라"와 "만지지 말라"는 접촉이 금지되고 불결한 어떤 것들을 접촉하지 말라는 유대교 정결법과 관련이 있다(레위기 5:2-3; 11:24-28; 13:45-46; 민 19:11-13). "맛보지 말라"는 부정한 음식을 먹지 말라는 유대교의 음식법과 관련이 있다. 거짓 교사(들)의 가르침은 유대교의 정결법과 음식법과 관련되어 있음을 알 수 있다.

5. 골로새서 2:11에 기초해서 바울의 거짓 교사들이 골로새 교회 성도들에게 할례를 요구했다고 충분히 추측할 수 있다. 그러면 그들이 할례를 요구한 이유는 무엇인가? 첫째, 할례는 하나님백성의 정체성을 규정하는 언약의 증거이기 때문이다. 거짓 교사들은 창세기 17:10-14에 근거해서 할례가 "언약의 표징"이므로 하나님과 언약 관계를 맺는 이방인들은 언약의 표징인 할례를 받아야 한다고 주

장했을 것이다. 또한 할례는 영원한 언약이며 할례를 받지 않는 자는 하나님의 백성이 될 수 없으므로 이방인들은 할례를 받아야 한다고 그들은 가르쳤을 것이다. 나아가서 할례는 하나님의 언약 백성의 증표이었다. "할례"는 유대인을 상징하였고 "무할례"(겔 28:10; 31:18; 32:24, 25, 26, 28, 29, 30, 32; 44:7, 9)는 이방인을 상징하였다. 이러한 점은 바울서신에서도 발견된다. 바울은 유대인들을 "할례"(롬 3:30; 4:9, 12; 15:8; 갈 2:7, 8, 9; 골 3:11)로 이방인들을 "무할례"(롬 2:26-27; 4:9; 갈 2:7; 골 3:11)로 칭하였다. 둘째, 할례는 언약공동체로 들어가는데 필요한 조건이기 때문이다. 이점은 구약성경과 중간기 문서에서 발견된다(창 17:12-13; 34:14-24; 출 12:48). 창세기 17:12-13, 27에 의하면 아브라함의 집에서 태어났거나 돈으로 산 이방인 종들은 할례를 받아야만 아브라함의 집에 함께 살 수 있었다. 이방인 종들에게 할례가 아브라함의 집에 가입하는 조건으로 요구되었다. 또한 세겜족속과 야곱 가문이 하나가 되는 조건으로 할례가 요구 되어진 점을 볼 때(창 34:14-24), 할례가 이방인 세겜족속이 하나님의 언약백성인 야곱 가문으로 가입하는 조건임이 분명하다. 똑 같은 점이 출애굽기 12:48에서도 발견된다. 이방인이 하나님의 언약백성인 이스라엘 족속과 함께 유월절 절기를 기념하기 위해서는 할례를 받아야만 했다.

학자들은 골로새서에 비춰진 거짓 교사들의 가르침들과 골로새 지역의 종교적 사상적 배경을 분석하여 그들의 교훈과 정체에 대해 다양한 견해들을 피력해 왔다(McKnight, *Colossians*, 25-34). 에세네파 유대주의, 유대적 신비주의, 영지주의의 한 형태, 플라톤주의,

유대적 묵시사상, 유대주의와 피르기아(Phyrgia) 토속종교와의 혼합주의 등 여러 이론들이 있다. 하지만 대다수의 학자들은 그것이 금욕적이고 미신적, 그리고 혼합적인 성격을 지닌 어떤 유대적 가르침이라는 것에 동의한다. 거짓 교사들의 철학은 유대교의 음식법, 절기법, 정결법, 할례의 유익들에 대해서 골로새 교회 성도들에게 가르친 것이 거의 분명하다. 그래서 어떤 학자들은 유대교적 요소를 지닌 혼합주의라고 주장한다. 하지만 골로새에 회당이 있었으며 골로새 교회 성도들 일부가 이 회당 출신이며 아직도 교회와 회당 공동체 둘 다 참여하고 있었던 것으로 추정된다. 바울의 거짓 교사들은 회당 출신 유대인 그리스도인들로서 골로새 교회 성도들(그리스도를 믿는 유대인들을 포함)의 그리스도에 대한 믿음을 폄하하고 유대적 혼합주의의 관행들의 유익들과 우수함을 그들에게 가르쳤다고 볼 수 있다.

IV. 기록목적

골로새서는 여타 바울서신과 같은 상황적 서신(situational letter)이다. 골로새서는 골로새 교회가 직면한 문제들을 해결하고 골로새 교회 성도들을 목회적으로 돌보기 위해 작성되었다. 위에서 본 바와 같이 골로새 교회에 등장한 "거짓 교사들"이 바울이 전하는 복음과 다른 교훈을 골로새 교회 성도들에게 가르치고 있었다. 그리고 골로새 교회 성도들이 거짓 교사들의 가르침에 현혹될 수 있는 위험성이 있었다. 또한 골로새 교회 성도들은 그리스도를 믿는 사람들에 대한 이웃 사람들의 태도가 적대적인 환경에 처해져 있었다. 바울은 그리스도를 붙들고 그리스도에 대한 믿음을 잃지 않고 살아갈 수 있도록 골로새 교회 성도들을 권면하고 위로하기 위해 골로새서를 기록했다. 바울이 골로새서를 기록한 목적을 세 가지로 요약할 수 있다. 1. 바울은 골로새 교회 교회 성도들이 이단적 가르침에 영향을 받아 미혹되지 말라고 경고하기 위해서 이 서신을 기록했다. 2. 바울은 골로새 교회 성도들에게 영적 성숙을 위한 기독교적 가르침을 전해 주기 위해서 기록했다. 3. 바울은 그들이 자신의 상황을 알아 서로 영적으로 교통하기 위해 자신의 상황을 알려주기 위해 기록했다.

V. 기록장소와 연대

기록장소와 연대에 대해서 학자들의 의견이 분분하다(McKnight, *Colossians*, 34-39). 아직까지 학자들 사이에 의견의 일치는 존재하지 않고 있다. 기록 연대에 대해서 바울 저작설을 인정하지 않는 학자들은 바울이 죽은 이후 AD 80년경으로 본다. 바울 저작설을 인정하는 학자들은 바울이 생존하고 있었던 AD 50년대 중반에서 60년대 초반 사이로 본다. 기록장소에 대해서 골로새서를 통해서 알 수 있는 것은 바울이 감옥에서 골로새서를 기록했다는 사실이다(골 4:3, 18). 바울이 여러 장소에서 투옥되었지만 가능성이 있는 장소는 에베소, 가이사랴(Caesarea), 로마(Rome)다. 전통적 견해에 의하면 기록 장소는 로마다. 필자는 이 전통적 견해를 따른다(Moo, *Colossians*, 41-46). 만약 골로새서가 로마 감옥에서 기록 되었다면 기록 연대는 주후 60-61년경이다.

본문 해설

1.
인사말
(1:1-2)

I. 본문 개관

바울은 당시의 그레꼬 로마 서신 양식에 따라 인사말에서 발신자와 수신자가 누구인가를 밝히고 있으며 인사말을 쓰고 있다. 바울은 자신이 하나님의 뜻으로 말미암아 사도가 되었고 그리스도 예수가 직접 임명하고 파송한 사도임을 밝히면서 자신의 사도성을 강조한다. 바울의 영적 아들 디모데가 공동발신자로 나오지만 골로새서를 직접 작성한 사람은 바울이다. 수신자 골로새 교회는 바울이 에베소에서 사역하는 기간 동안 형성되었다(행 19장). 골로새 교회 성도들은 그리스도 안에서 거룩하고 신실한 그리스도인들이었다. 바울은 헬라식과 히브리식 인사방법을 병행하여 골로새 교회 성도들에게 하나님으로부터 주어지는 은혜와 평강을 기원하는 인사를 한다.

II. 절별 해설

1절 _ 하나님의 뜻으로 말미암아 그리스도 예수의 사도 된 바울과 형제 디모데는

바울은 골로새서를 쓰면서 그레코 로마 시대의 일반적인 서신 작성 방식을 따르고 있다. 골로새서는 골로새 교회 성도들에게 보낸 서신(epistle)이다. 통상적으로 서신은 인사말로 시작되는데 인사말에는 발신자의 이름, 수신자, 발신자가 수신자에게 전하는 인사가 들어 있다. 바울은 골로새서의 저자이며 발신자임을 분명히 밝힌다. 바울의 헬라어 이름은 "파울로스"인데 그의 로마식 이름 "파울루스"(Paulus)를 헬라어로 옮긴 것이다. 바울은 태어날 때부터 로마시민이었고(행 22:28) 로마제국의 식민지 도시인 다소(Tarsus)에서 태어나고 자랐기 때문에(행 22:3) 로마식 이름을 그의 부모님이 지어주었을 것이다. 바울은 또한 "사울"이라는 유대식 이름을 가지고 있었는데(행 8장; 13:9) 유대인 부모가 작명하였을 것이다. 아마도 그는 골로새서를 친필로 쓰지 않고 필사자의 손을 빌어 작성하였을 것이다(4:18 참조). 고대 서신들은 보통 필자 대신 서신을 쓰는 대서자(代書者)에 의해 작성되었다. 바울은 자신을 사도로 골로새교회 성도들에게 소개하면서 사도('아포스톨로스'[apostle])로서의 권위를 강조한다. 사도행전에 의하면 바울은 예수님께서 부활하신 후 예수님과 함께 먹고 마신 열한 사도들과 같은 사도로 여겨지지 않았다. 그는 바나바와 같이 안디옥 교회로부터 파송을 받은 사도였다(행 14:4, 14). 그래서 엄격한 의미에서 예수 그리스도의 사도로 인정받지 못하였기 때문에 그의 사도로서의 진정성이 공격을 받곤 했다(고린도후서, 갈라디아서 참조). 하지만 바울은 하나님의 뜻을

따라 즉 하나님의 부르심과 은혜를 통해 그리스도 예수의 사도가 되었음을 강조한다. 갈라디아서 1:15-16에서 그는 "하나님께서 내 어머니의 태로부터 나를 택정하시고 은혜로 나를 부르셨다"고 서술한다. "내 어머니의 태로부터 나를 택정하셨다"는 표현은 예레미야 1:5에("내가 너를 모태에 짓기 전에 너를 알았고 네가 배에서 나오기 전에 너를 성별하였고 너를 여러 나라의 선지자로 세웠노라 하시기로") 그 배경을 두고 있다. 바울은 자신이 예레미야 선지자처럼 하나님에 의해서 선택을 받고 사명을 부여받았으므로 자신의 사도직은 하나님으로부터 나왔다는 사실을 주장한다. 하나님께서 바울을 은혜로 부르셨다는 사실은 하나님이 선지자 이사야를 태에서부터 부르신 것처럼("섬들아 내게 들으라 먼 곳 백성들아 귀를 기울이라 여호와께서 태에서부터 나를 부르셨고 내 어머니의 복중에서부터 내 이름을 기억하셨으며"[사 49:1]) 바울을 사도로 부르셨다는 것을 의미한다. 또한 바울은 자신이 그리스도 예수의 사도라고 말한다. 이것은 바울이 주님이신 예수 그리스도에게 속한 사도라는 것을 의미한다. 그리고 바울은 예수 그리스도가 자신을 직접 부르시고 사도로 파송하셨기 때문에 자신이 열두 사도와 같은 권위를 가지고 있다고 생각했다. 사실 바울은 예수님의 열두 제자 중 한 사람이 아니었으므로 예수님께서 부활하신 후 예수님과 함께 먹고 마신 열한 사도들과 같은 사도로 여겨지지 않았다. 바울의 거짓 교사들은(특히 갈라디아서의 대적자들) 그를 바나바와 같이 안디옥 교회로부터 파송을 받은 사도로(행 14:4, 14) 생각했을 것이다. 그러나 바울은 하나님에 의해 그리스도의 사도가 되었음을 강조한다("사람들에게서 난 것도 아니요 사람으로 말미암은 것도 아니요 오직 예수 그리스도와 그를 죽은 자 가운데서 살리신 하나님 아버지로 말미암아 사도 된 바울은"-갈 1:1). 바울이 하나님의 뜻에 의하여 그리스도 예수의 사도가 되었음을 강조하는 이유는 아마도 골로새 교회를 바울이 직접 개척하여 세우지 않아서(2:1 참조) 바울의 사도성을 의심하는 사람들이 있었기 때문일 것이다. 그리고 골로새 교회 성도들을 미혹하는 바울의 대적자들 때문일 것이다. 바울은 사도의 권위를 가지고 대적자들과 골로새 교회 신자들에게 골로새서를 통하여 훈계한다는 것을 강조할 필요가 있었던 것이다.

디모데가 골로새서의 공동 발신자로 나와 있다. 바울은 자주 자신이 보낸 서신의 공동 발신자로 소스데네(고전 1:1), 실루아노(살전 1:1; 살후 1:1)나 디모데(고후 1:1; 빌 1:1; 골 1:1; 살전 1:1; 살후 1:1; 몬 1:1)를 포함시키기도 한다. 그런데 바울이 골로새서를 작성한 사람은 바울 자신이다. 바울은 골로새서를 쓸 때 디모데가 곁에 있어서 그를 공동발신자에 포함시켰지만 디모데가 서신을 작성하는데 직접적으로 참여하지는 않았을 것이다. 디모데는 경건한 신자인 모친 유니게와 외조모 로이스로부터 성경교육을 잘 받으면서 성장했다(행 16:1, 딤후 1:5, 3:15). 바울이 루스드라에서 전도하였을 때 디모데는 예수 그리스도를 믿었고 몇 년 후 바울로부터 할례를 받았다(행 16:1-3). 그는 바울과 함께 소아시아와 마게도니아 지역에서 복음을 전하였다.

바울은 디모데를 "형제"라고 부르고 있는데 디모데와 자신이 그리스도를 믿는 공통적 신앙을 통해 결속된 영적 가족임을 의미한다. 디모데는 바울의 신실한 동역자이었다. 그는 바울과 함께 전도하고 교회를 개척하였으며 바울이 디모데에게 중요한 임무를 맡길

만큼 믿음직한 사역자이었다. 바울은 디모데를 고린도 교회로 보냈으며 에베소 교회를 돌보기 하게 위해 그를 에베소에 두기도 하였다. 디모데가 바울에게 어떤 사람이었는가는 빌립보서 2장 20절("이는 뜻을 같이하여 너희 사정을 진실히 생각할 자가 이밖에 내게 없음이라")과 2장 22절("디모데의 연단을 너희가 아나니 자식이 아버지에게 함같이 나와 함께 복음을 위하여 수고하였느니라")에 잘 나타나 있다. 바울은 자신과 생각과 감정과 뜻을 함께 나눌 수 있는 사람이 디모데 밖에는 없었다고 생각했다. 바울은 디모데를 아들로 여겼다(고전 4:17; 딤전 1:2; 딤후 1:2). 바울이 디모데를 전도하고 가르쳤기 때문에 디모데가 바울을 정신적 아버지로 여겼을 것이다. 그래서 디모데는 바울을 순종하고 공경하였을 것이며 감옥 생활을 하고 있는 바울을 도왔다. 디모데는 고생을 바울과 함께 나누었기 때문에 바울은 그를 자신과 함께 수고하는 자로 여겼다(롬 16:21).

2절 _ 골로새에 있는 성도들 곧 그리스도 안에서 신실한 형제들에게 편지하노니 우리 아버지 하나님으로부터 은혜와 평강이 너희에게 있을지어다

바울은 골로새 교회 신자들을 "성도들"이라고 부른다(롬 1:7; 고전 1:2; 고후 1:1; 빌 1:1 참조). 아마도 바울은 출애굽기 19:6에 근거해서 그리스도를 믿는 사람들을 "성도"로 생각했을 것이다. 바울은 하나님께서 이스라엘 민족을 하나님께 구별된 거룩한 하나님의 백성으로 삼으신 것처럼 이방인 그리스도인들을 하나님의 거룩한 백성으로 만드셨다고 믿었다. 하나님을 믿는 자들이 "거룩한 자들"

이 될 수 있는 이유는 하나님께서 그들에게 성령을 보내셔서(롬 8: 14-15; 갈 4:6) 그들을 성령의 전으로 만드셨기 때문일 것이다(고전 6:12-20). 신자들이 거룩하게 된 것은 자신의 거룩한 삶이 아니라 성령의 역사에 의한 것이다(고전 6:11). 성도는 그리스도의 구속의 은혜와 성령의 성화의 역사를 통해 신자들에게 주어진 특권적인 신분이다. 성도는 구약에 나오는 제사장, 레위인, 나실인들과 같이 세속으로부터 분리되고 하나님께만 구별된 하나님의 백성이 된 것이다. 그래서 신자는 거룩한 삶을 살아야 한다(참조 벧전 1:15).

또한 바울은 골로새 교회 신자들을 그리스도 안에 있는 신실한 형제들이라고 부른다. 바울은 그들이 하나님과 그리스도를 믿고 신뢰하기 때문에 신실하다고 생각했을 것이다. 바울에 의하면 그리스도를 믿는 신자들은 그리스도와의 신비한 연합을 통해 그리스도 안에 있다(갈 2:20 참조). 그리스도가 성도들이 존재하는 영역이다(롬 8:1; 고후 5:17 참조). 신자는 예수 그리스도를 주(Lord)로 영접하면 그리스도의 영인 성령이 신자의 마음 안으로 들어와 그리스도와 "신비적 연합"(mystical union)을 이루게 된다. 갈라디아서 2장 20절 상반절에 나오는 바울 사도의 고백처럼("내가 그리스도와 함께 십자가에 못 박혔나니 그런즉 이제는 내가 사는 것이 아니요 오직 내 안에 그리스도께서 사시는 것이라") 그리스도와 함께 십자가에서 죽은 신자들 안에는 그리스도께서 살아계시는 것이다. 그리스도의 이름으로 세례(엄격히 말하면 침례)받은 신자들은 그리스도와 함께 죽고 사는 경험을 통해 그리스도와 연합한 자들이다(골 3:1). 신자들은 그리스도와 연합함으로써 그리스도 안에 참여(participation in Christ)하게 된 것이다. 그리스도 안에 참여함으로써 그리스도와 함께 살아가며 그리스도를 통한 다양한 구원의 축복들을 누릴 수 있게 된다.

그리고 바울이 골로새 교회 신자들을 형제들로 여기는 것은 바울과 그들이 하나님의 가정의 구성원들임을 의미한다. 바울은 하나님을 아버지로 고백하고 예수 그리스도를 믿는 사람들을 형제와 자매로 여겼다. 바울은 성도들이 같은 믿음과 사랑에 기초한 하나님의 가정의 구성원들이라는 사실에 기초하여 그들을 "형제들"이라고 부른다(롬 1:23; 고전 1:10; 고후 1:8; 갈 1:11; 빌 1:12; 살전 2:1; 살후 1:3). 바울이 "형제들"이라는 말은 하고 "자매들"이라는 말은 사용하지 않은 점은 바울 당시의 가부장적이고 남성 위주의 그레코 로마 문화의 배경 속에서 이해할 필요가 있다. 하지만 "형제들"이라는 말 안에 "자매들"이 배제되었다고 볼 수는 없다. 그리스도를 믿는 신앙 공동체는 육신의 피가 아니라 그리스도의 피로 관계를 맺은 새로운 "믿음의 가정"(household of faith[갈 6:10])인 것이다. 갈라디아서 3:28("너희는 유대인이나 헬라인이나 종이나 자유인이나 남자나 여자나 다 그리스도 예수 안에서 하나이니라")에 근거해 볼 때 이 가정 안에는 인종차별, 신분차별, 남녀차별은 존재할 수 없다.

바울은 골로새 교회 신자들을 "신실한" 형제들이라고 묘사한다. 신자들은 하나님과 예수 그리스도를 입술로 주라고 고백하는 것으로 끝날 수 없는 것이다. 신자들은 하나님과 그리스도께 "신실한"(faithful) 자들이 되어야 한다. 바울은 아브라함이 하나님을 믿었다라고 말하기도 하지만(롬 4:3) 또한 그를 "신실한" 사람으로 묘사한다(갈 3:9). "아브라함의 신실성"(롬 4:16)은 아브라함이 하나님을 믿은 것과(창 15) 하나님의 명령을 순종하여 이삭을 하나님께 드리는 것(창 22)을 둘 다 포함하고 있다. 아브라함의 신실성의 발자취를 따르는 사람은 아브라함의 자손이 되고 의롭게 되는 축복을 받게 된다(롬 4:12). 우리들은 신실한 신자가 되기 위해서 하나님의 말씀과 약속을 전적으로 신뢰하고 순종해야 한다.

바울은 골로새 교회 성도들에게 하나님 아버지로부터 주어지는 은혜와 평강을 기원하는 인사를 한다. 이 인사는 다른 바울 서신에서도 찾아볼 수 있다(롬 1:7; 고전 1:3; 고후 1:2; 빌 1:2; 살전 1:1; 몬 3). 바울은 하나님을 우리의 아버지라고 말한다. 여기서 "우리"는 바울과 골로새 교회 신자들을 포함한다. 하나님께서 성령을 신자의 마음 가운데로 보내셨으므로 신자들은 하나님을 아바 아버지로 고백하게 되었다(롬 8:14-15; 갈 4:6-7). 하나님이 우리의 아버지이시므로 하나님을 믿는 신자들은 하나님의 자녀인 것이다(갈 3:26). 하나님을 아버지라 부르는 것은 구약성경에 기초하고 있다. 여호와는 이스라엘의 아버지로 묘사되었다(참고. 신 14:1; 사 43:6). 유대인의 관점에서 볼 때 여호와는 이스라엘만의 아버지이시기 때문에 이방인들은 하나님의 아들이 될 수 없었다. 그러나 하나님께서 그리스도와 성령을 통하여 이방인 신자들을 하나님의 자녀로 삼으셨다. 하나님의 자녀이면 약속된 기업뿐만 아니라 하나님 아버지의 은혜와 평강을 받을 수 있는 자격을 가지게 된 것이다. 바울은 기쁨을 기원하는 그리스 방식의 인사('카이레인'[χαιρεῖν])를 변용하여 "은혜"('카리스'[χάρις])를 기원하는 인사말을 전한다. 인사말에 나오는 '카리스'는 하나님의 호의, 친절, 자비, 돌보심을 의미한다(갈 1:3; 6:18). 또한 '카리스'는 예수 그리스도와 성령을 통해 역사된 하나님의 자비로운 구원의 행위들과 그 행위들을 통해 주어진 축복들을 의미한다. 또한 바울은 히브리식 인사말인 '샬롬'을 차용하여 "평강"을 기원하고 있다. '샬롬'은 단순히 전쟁이나 걱정과 환난이 없는 평화로운 상태만이 아니라 정신과 몸의 건강, 마음의 평안, 물질의 충족 가운데 누리는 평강을 의미한다. 평강은 하나님과 인간과의 관계에 있어 완전한 화목과 조화를 통해 주어지는 인간의 삶의 총체적 평화를 의미한다.

III. 메시지와 적용

하나님께서 은혜와 평강을 신자들에게 주신다.

하나님께서는 신자들의 아버지이시므로 자녀가 된 신자들을 돌보셔서 필요한 것들을 제공해주신다. 하나님은 하나님의 자녀들에게 정신과 몸의 건강, 마음의 평안을 주신다. 화목한 인간관계 속에서 평화를 누리도록 만드신다. 참 행복과 진정한 영육간의 평강을 얻기 위해 하나님과 예수 그리스도를 의지해야 한다. 또한 하나님께서 예수 그리스도와 성령을 통해 역사하신 구원의 은혜와 구원역사의 열매로서의 축복들을 신자들에게 주신다. 그러므로 신자들은 하나님께 감사하면서 하나님 아버지의 은혜와 평강을 누리면서 행복하게 살아 갈 수 있다.

2.
골로새 교회 성도들에 대한 감사기도

(1:3-8)

I. 본문 개관

바울은 골로새서 1:3-8에서 골로새 교회 성도들에게 감사의 말을 전하고 있다. 그 이유는 그들이 그리스도 예수 안에 있는 믿음, 모든 성도에 대한 사랑, 그리고 하늘에 쌓아둔 소망을 가지고 있었기 때문이다. 그들은 에바브라를 통하여 복음의 진리의 말씀을 배웠다. 이 복음의 진리는 성도들을 위해 하늘에 쌓인 소망에 관한 것이다. 그 말씀은 그들에게 이르렀으며 온 천하에서도 능력을 행사하여 많은 사람을 신자로 만들고 있다. 에바브라는 주님과 골로새 교회 성도들을 섬기는 종이며 그리스도의 신실한 일꾼이며 말씀을 가르치는 교사이다. 성도들은 믿음, 소망, 그리고 사랑을 소유해야 한다. 신자는 꾸준히 성경을 읽고 공부함으로써 신자의 삼중요소인 믿음, 소망, 사랑을 더욱 성숙시켜야 한다.

바울은 서신을 쓸 때 주로 인사말 다음에 감사 기도문을 적는다(고전 1:4-9; 빌 1:3-11; 골 1:3-14; 살전 1:3-10). 바울서신은 대개 인사말 – 감사기도문 – 본론(신학적인 부분[indicative section], 권면 부분[imperative section]) – 결론 – 마침 인사말 순서로 구성되어 있다. 갈라디아서에는 감사기도문이 나오지 않는다. 그 이유는 아마도 갈라디아 교회의 문제가 너무 심각하였고 갈라디아 교회 성도들에게 너무 실망하여 감사기도를 드릴 여유가 없었을 것이다. 바울은 그의 서신을 작성할 때 인사말 다음에 주로 "감사드리다"라는 뜻을 가진 '유카리스테오'(εὐχαριστέω) 단어를 사용하여 사람이 아닌 하나님께 감사기도를 올린다.

II. 절별 주해

3절 _ 우리가 너희를 위하여 기도할 때마다 하나님 곧 우리 주 예수 그리스도의 아버지께 감사하노라

바울은 골로새 교회 성도들을 위해 기도할 때마다 하나님께 감사를 드린다. 기도하는 사람은 "우리"인데 바울과 디모데가 지속적인 기도를 하나님께 드렸다는 것이다(1:9 참조). 지속적인 중보기도는 성도들을 향한 바울의 사랑과 목회적 돌봄을 표현하는 하나의 방법이라고 할 수 있다. 바울은 기도는 하나님께 드려지며 예수 그리스도를 통하여 아뢰어 진다고 생각했다(골 3:17). 예수 그리스도께서 신자의 예배와 찬양의 대상이지만 기도의 주 대상은 아니다. 신약 성경에서 주 예수 그리스도가 기도의 대상으로 나온 경우는 매우 드물다. 예외적으로 고린도후서 12:8에 나오는 주님, 즉 예수 그리스도가 바울의 기도의 대상으로 볼 수 있다. 그러므로 통상적으로 기도의 대상은 하나님이 되어야 하며 예수 그리스도를 통하

여 하나님께 드려져야 한다.

바울은 하나님을 예수님의 아버지로 묘사한다. 이것은 예수님이 하나님을 아람어(유대인의 구어)로 '아빠'(abba)라고 초대교회 전승에 기초하고 있다. 마가복음 14:36에("이르시되 아빠 아버지여 아버지께는 모든 것이 가능하오니 이 잔을 내게서 옮기시옵소서 그러나 나의 원대로 마시옵고 아버지의 원대로 하옵소서 하시고") 예수님은 하나님을 '아빠'(abba)라고 부르는데 아람어 '아빠'는 아버지를 의미한다. 신약학자 요아킴 예레미아스(Joachim Jeremias)에 의하면, 예수님은 하나님을 '아빠'라고 부른 것은 부정할 수 없는 역사적 사실이다. 이것은 예수님이 하나님을 아버지로 여겼으며 자신은 하나님의 아들로 인식했다는 것을 확증해 준다.

바울은 예수 그리스도를 "주"('큐리오스'[κύριος])로 부른다(롬 10:9; 고전 12:3; 고후 4:5; 빌 2:11). 그는 다마스커스로 가는 길에서 부활하신 주님을 경험하였다(고후 4:4-5). 예수 그리스도께서 하늘에 계시고 모든 것을 다스리시는 주님이시다(고전 8:6; 빌 2:9-11). 바울이 이방인들인 골로새 교회 신자들에게 예수 그리스도를 '큐리오스'로 소개하는 것은 로마 황제가 '큐리오스'로 불린 그 당시 상황 속에서는 매우 놀랄만한 일이다. 예수 그리스도는 하나님과 같은 '큐리오스'이시다(고전 8:5-6).

바울은 예수님을 그리스도라고 부른다. '그리스도'는 헬라어 '크리스토스'(Χριστός)의 한글 음역이다. '크리스토스'는 '기름 부음을 받은 자'(the Anointed One)를 의미하는 '메시아'의 헬라어 번역이다. 구약에 의하면 기름 부음을 받은 자는 주로 이스라엘의 왕들이었다(예: 사울, 다윗). 바울 당시 유대인들은 메시아가 다윗의 자손 중에서 나올 것이며 다윗과 같은 "왕적 메시아"(kingly messiah)를 고대하고 있었다. 예수님을 따랐던 무리들이 예수님을 메시아라 불렀던 이유도 예수님께서 다윗의 자손으로서 다윗과 같은 왕이 되셔서 로마의 압제로부터 해방시켜 줄 것을 믿었기 때문이다. 그러나 그들의 기대와는 달리 예수님은 빌라도의 십자가 형 언도를 받고 죄수로서 십자가 위에 달려 죽게 되었다. 예수님 당시의 유대인들은 고난을 받고 연약한 모습으로 죽는 메시아에 대한 사상은 가지고 있지 않았다. 그래서 바울은 예수님을 만나기 전 나사렛 예수는 율법의 저주를 받아 나무에 매달렸기 때문에(신 21:23; 갈 3:13) 거짓 메시아라고 생각했다. 그러나 다마스커스로 가는 길에서 부활하신 예수님을 만난 후 그는 예수님을 그리스도로 믿는 초기 기독교 신자들의 신앙이 진실임을 알게 되었다. 그는 구약에서 예언된(삼상 2:10, 35; 시 18:50) 메시아가 바로 예수님이라는 사실을 믿게 되었다.

바울은 하나님께 항상 감사하면서 살았다. 그는 성도들의 사랑과 믿음과 후원으로 인해 하나님께 감사하였다(고전 1:4-9; 빌 1:3-11; 골 1:3-14; 살전 1:3-10). 그는 죽을 지경에 처한 자신을 구원하셔서 위로하시는 하나님을 찬양하며 감사하는 마음을 가졌다(고후 1:3-11). 그는 빌립보 교회 성도들에게 감사함으로 하나님께 기도하라고 권고한다("아무 것도 염려하지 말고 다만 모든 일에 기도와 간구로, 너희 구할 것을 감사함으로 하나님께 아뢰라"[빌 4:6]). 그리고 데살로니가 교회 성도들에게 "범사에 감사하라"고 권면한다(살전 5:18). 예수 그리스도와 성령을 통하여 베푸신 하나님의 은혜와 축복을 기억할 때 하나님께 감사하면서 살지 않을 수가 없는 것이다.

4절 _ 이는 그리스도 예수 안에 너희의 믿음과 모든 성도에 대한 사랑을 들었음이요

바울이 골로새 교회 성도들을 위해 기도하면서 하나님께 감사를 드리는 이유는 그들이 그리스도 예수 안에 있는 믿음, 모든 성도에 대한 사랑과 그리고 하늘에 쌓인 소망을 가지고 있었다는 것을 들었기 때문이다. 바울은 골로새 교회를 직접 개척하여 목회하지 않았으므로 직접적으로 그들의 신앙생활에 대해서는 알지 못했다. 그는 골로새 교회를 세운 에바브라(1:7; 4:12-13)와 다른 어떤 형제들을 통해 그들의 믿음에 대해 들어서 알고 있었던 것이다. 바울이 감사하는 첫 번째 이유는 골로새 교회 성도들이 그리스도 예수 안에서 믿음을 가지고 있기 때문이다. 여기서 믿음은 단순히 하나님과 그리스도에 대한 지적 인식이나 그리스도를 아는 지식에 대한 동의만을 의미하는 것이 아니다. 믿음은 하나님과 예수 그리스도에 대한 지식과 신뢰, 그리고 순종을 다 포함한다(히 11장 참조). 골로새 교회 성도들의 믿음은 "그리스도 안에" 있는데 그리스도와의 신비한 연합과 일체감을 통해 신자들이 가지는 하나님과 예수 그리스도를 향한 신뢰와 신실함을 뜻한다. 위에서 지적한대로 아브라함의 믿음은 하나님의 약속에 대한 신뢰와 이삭을 제물로 바치기까지 하나님께 순종하는 아브라함의 신실성을 의미한다. 바울은 골로새 교회 신자들을 "신실한 형제들"이라고 부르는데 그들의 믿음은 신실함을 포함한다는 것을 알 수 있다.

바울이 감사하는 두 번째 이유는 골로새 교회 성도들이 모든 성도들을 향한 사랑을 가지고 있었기 때문이다. 사랑은 성도를 위한

희생적이고 무조건적인 관심과 호의, 그리고 돌봄과 나눔을 의미한다. 기독교의 "사랑"은 "이웃을 네 몸과 같이 사랑하고 원수를 사랑하라"(마 5:44)는 예수님의 가르침과 예수 그리스도가 십자가 위에서 보여주신 희생적 사랑에 근거하고 있다(갈 2:20; 막 12:29-31 참조). 바울은 바울에 의하면 사랑은 성령의 열매이다(갈 5:22). 고린도전서 13:4-5에 의하면 사랑의 특징은 "오래참고 사랑은 온유하며 시기하지 아니하며 사랑은 자랑하지 아니하며 교만하지 아니하며 무례히 행하지 아니하며 자기의 유익을 구하지 아니하며 악한 것을 생각하지 아니하며"이다. 골로새 교회 성도들의 사랑의 대상은 "모든 성도"이다. 사랑의 대상에 제외된 성도는 없는 것이다. 더 나아가 바울은 박해하는 자를 축복하고(롬 12:14) 주리고 목마른 원수를 먹이고 마시게 하라(롬 12:20)고 권면한다. 이것은 "네 원수를 사랑하라"(마 5:44)는 그리스도의 말씀에 근거하고 있다. 골로새 교회 성도들은 예수님의 말씀과 성령의 인도하심을 따라 모든 성도들을 사랑하는 신실한 그리스도인들이었다.

5절 _ 너희를 위하여 하늘에 쌓아 둔 소망으로 말미암음이니 곧 너희가 전에 복음 진리의 말씀을 들은 것이라

바울이 하나님께 감사를 드리는 세 번째 이유는 골로새 교회 성도들을 위하여 하늘에 쌓아 둔 소망 때문이다. "하늘"은 원어에는 "하늘들"('우라노이'[οὐρανοί])로 나와 있는데 이것은 여러 하늘이 있다는 유대인들의 사상에 근거한 것이다(신 10:14; 느 9:6; 고후 12:2 참조). 바울은 하늘을 하나님이 계시는 장소로(골 4:1) 표현하며 하늘을 "위"와 동일시하고 있다(골 3:1). "위"는 하나님이 천상의 보좌에 앉아 계시는 장소이며(골 3:1; 히 8:1; 12:2 참조) 그 우편에 승귀된 그리스도가 좌정하는 곳이다(골 3:1; 막 12:36; 행 2:34-35; 히 1:13 참조). 하늘에 쌓아 둔 소망은 아마도 골로새 교회 성도들이 얻을 영생과 종말에 그리스도의 영광에 동참하는 축복에 대한 소망일 것이다(골 3:4 참조). 그리스도의 재림도 그 소망의 내용에 포함될 수 있을 것이다. 마지막 날에 예수 그리스도가 다시 이 땅에 오실 것이라는 믿음은 초기 기독교의 주요한 신앙이었다(막 13:26; 행 3:19- 21; 고전 15:22 살전 4:15-17 참조).

바울은 골로새 교회 성도들이 하늘에 쌓아 둔 소망을 "복음의 진리의 말씀 안에서" 전에 들었다고 말한다. 개역개정에는 원어 '엔 토 로고 테스 알레테이아스 투 유앙겔리우'(ἐν τῷ λόγῳ τῆς ἀληθείας τοῦ εὐαγγελίου)가 "복음 진리의 말씀을"이라고 번역되어 있다. 이것은 원문을 정확하게 번역하지 못한 것이다. 오히려 원문을 직역하여 "복음의 진리의 말씀 안에서"라고 번역하는 것이 더 낫다. 이렇게 번역하면 골로새 교회 성도들이 소망을 "복음의 진리의 말씀 안에서" 들었다라고 자연스럽게 해석할 수 있다. "복음의 진리의 말씀"은 "복음의 진리에 관한 말씀" 또는 "진리의 말씀 즉 복음"으로 해석할 수 있다. 전자가 더 옳다고 판단되는데 후자도 제외할 수는 없다. "복음의 진리"라는 말은 갈라디아서 2:5, 14에 나온다. "복음의 진리"('헤 알레테이아 투 유앙겔리우'[ἡ ἀλήθεια τοῦ εὐαγγελίου])는 "복음에 속한 진리" 또는 "복음이 가지고 있는 진리"를 뜻한다. 갈라디아서에 나오는 "복음의 진리"는 하나님께서 이방인 신자들을 예수 그리스도를 통해 베푸신 하나님의 은혜를 통해 의롭게 하여 하나님의 언약백성으로 삼으셨기 때문에 유대인 신자들이 이방인 신자들과 함께 식탁교제를 나눌 수 있는 사실을 가리킨다. 골로새서에서 나오는 "복음의 진리"의 의미를 정확하게 알 수는 없다. 하지만 갈라디아서에 기초해서 그것은 유대인과 이방인들을 율법이 아니라 예수 그리스도와 성령을 통해 구원하시는 하나님의 은혜로운 구원역사에 대한 기쁜 소식이라고 해석할 수 있다. 그리스도의 재림, 생명, 의, 부활, 영광에 대한 소망은 복음의 진리에 대한 말씀을 들음으로써 가질 수 있다. 그 이유는 복음은 이러한 소망에 대한 내용을 담고 있기 때문이다. 복음을 듣고 이해할 때 하늘에 있는 축복들에 대한 소망을 가지고 살아 갈 수 있다. 이 소망을 붙들면 땅의 것들이 아니라 위의 것들을 추구할 수 있다(골 3:1 참조).

6절_ 이 복음이 이미 너희에게 이르매 너희가 듣고 참으로 하나님의 은혜를 깨달은 날부터 너희 중에서와 같이 또한 온 천하에서도 열매를 맺어 자라는도다

바울은 복음이 골로새 교회 성도들에게로 왔었다고 말한다. 에바브라와 같은 복음을 전하는 사람들을 통하여 말씀이 전해진 것을 "복음이 왔다"라고 표현하고 있다. 복음의 진리에 대한 말씀은 활기차게 전진하며 신자의 인구를 증가시키며 신앙의 성숙을 초래시킨다. 흥미롭게도 사도행전에서 하나님의 말씀은 진행하고 흥왕하는 것으로 묘사되어 있다(행 6:7; 12:24). 바울은 "너희가 진리 안에 있는 하나님의 은혜를 듣고 깨달은 날부터" 복음의 진리에 대한 말씀이 그들 가운데 열매를 맺고 성장한다고 말한다. 개역개정 번역

"너희가 듣고 참으로 하나님의 은혜를 깨달은 날부터"을 "너희가 진리 안에 있는 하나님의 은혜를 듣고 깨달은 날부터"로 번역하는 것이 더 원문에 가깝다. 골로새 교회 성도들은 복음이 전해졌을 때 하나님의 은혜를 듣고 깨닫게 되었다. 그들이 들은 것이 복음이라고 볼 수도 있지만 하나님의 은혜가 더 옳다고 여겨진다. 그 이유는 "듣다" 동사의 목적어는 복음이 아니라 하나님의 은혜이기 때문이다. 그들은 복음전파를 통해 단순히 하나님의 은혜에 관한 것을 귀로써 듣지만 않았다. 들은 후 믿었으며 깨닫기까지 한 것이다. 그들은 하나님의 은혜가 무엇이며 어떤 의미를 가지며 어떤 역사를 이루는지에 대해서 경험적인 지식을 가지고 있었다. 이것은 성령의 인도와 깨닫게 하시는 역사를 통해 가능했을 것이다(고전 2:6-16). "하나님의 은혜"는 위에서 언급한대로 하나님의 호의, 자비, 돌보심을 의미한다고 볼 수 있다. 또한 하나님의 은혜는 구원, 칭의, 용서, 화해의 근거로서 예수 그리스도와 성령을 통해 표현되어진 하나님의 호의와 구원의 행위를 지칭한다. 예수 그리스도와 성령을 통해서 유대인이나 이방인이나 차별없이 구원하시고 의롭게 하시는 것이 하나님의 은혜이다. 골로새서에서는 골로새 교회 신자들을 흑암의 권세에서 구출하시고 하나님의 아들의 나라로 옮기시고(골 1:13) 용서하시고(골 1:14) 화해하시는(골 1:22) 하나님의 구원 역사가 하나님의 은혜이다. 이 하나님의 은혜는 "진리" 안에 있다. "복음의 진리" 안에서 하나님의 은혜를 발견할 수 있다는 것이다. 복음의 진리의 말씀은 골로새 교회 성도들 가운데 열매를 맺고 성장하고 있다는 말은 그 말씀이 전파되어 신자들이 생겨나고 교회가 세워지고 신실한 신자들이 증가하고 있음을 의미한다. 그런데 이러한 말씀의 역사가 골로새 교회뿐만 아니라 온 세상에서도 일어나고 있다는 것이다. "온 세상"은 과장된 표현이지만 로마제국 안에서 복음이 전파된 방방곡곡마다 그런 현상이 일어나고 있다는 것이다. 말씀은 한 지역에 국한되지 않고 온 천하에 전파되어 역사하고 있는 것이다. 하나님의 말씀은 세계적인 것이며 모든 나라와 족속에게 전파되어야 하는 것이다. 그리스도인(Christian)은 능력의 말씀을 온 세상에 전파하여 말씀의 열매를 추수하여야 할 것이다. 많은 사람들이 복음을 믿어 하나님의 은혜를 체험할 수 있도록 해야 할 것이다.

7절 _ 이와 같이 우리와 함께 종 된 사랑하는 에바브라에게 너희가 배웠나니 그는 너희를 위한 그리스도의 신실한 일꾼이요

바울은 골로새 교회 성도들이 에바브라로부터 배웠다고 말한다. 에바브라는 골로새 출신이며(골 4:12) 골로새 교회 성도들에게 복음을 처음 전한 사역자이다. 그는 바울의 전도를 받아 개종하였으며 골로새 교회 성도들을 가르친 말씀사역자이다. 바울은 에바브라라는 이름을 세 번 언급하고 있다(골 1:7; 4:12; 몬 23). 골로새서에 나오는 에바브라가 빌립보서에서 두 번 나오고 있는(빌 2:25; 4:18) 에바브로디도와 동일 인물인가에 대한 논쟁이 있다. 에바브라를 에바브로디도의 약칭으로 볼 수 있다. 빌레몬서 23절에 의하면 에바브라는 감옥에 있는 바울과 함께 있었다는 사실을 증언하는 빌레몬서 23절과 에바브로디도가 감옥에 있는 바울과 함께 있었다는 점을 보여주는 빌립보서 2:25을 비교해 볼 때 두 사람이 동일 인물이

라고 간주할 수 있다.

바울은 에바브라를 "우리의 사랑스런 동료 종"("우리와 함께 종된 사랑하는"-개역개정)이라고 묘사한다. 에바브라는 바울을 도우면서 함께 사역하였기 때문에 바울은 그를 사랑스럽게 여겼을 것이다(빌 2:25-30 참조). 골로새 교회를 세우고 양육하였기 때문에 골로새 교회 성도들의 사랑도 받았을 것이다. 바울은 에바브라를 "동료 종"으로 여긴다. 바울은 "그리스도 예수의 종"이라는 자기 정체성을 가지고(롬 1:1; 빌 1:1) 오직 주님이신 예수 그리스도만을 섬기고 순종하는 삶을 살았다. 그는 갈라디아서 1장 10절에서 "내가 지금까지 사람들을 기쁘게 하였다면 그리스도의 종이 아니라"고 말하면서 자신은 그리스도의 종으로서 사람이 아닌 그리스도를 기쁘게 하는 사도임을 밝힌다. 바울은 사람들을 설득하여 그들을 기쁘게 하지 않고 오히려 하나님을 설득하여 하나님을 기쁘게 해 드리는 그리스도의 종이라고 말한다. 또한 바울은 그의 동역자들을 그리스도의 종으로 여긴다(빌 1:1; 골 4:12). 그래서 디모데와 에바브라와 같은 동역자들이 바울과 함께 그리스도를 주인으로 받드는 "동료 종"('순둘로스')이 될 수 있는 것이다. 바울은 자신과 에바브라를 비교해 볼 때 사도로서는 서로 간에 차이가 있지만 그리스도의 종으로서는 같다고 여긴 것이다. "그리스도의 예수의 종"이라는 정체성에 한해서는 둘 사이에 지위와 신분과 역할의 차이는 없다고 볼 수 있다. 바울은 빌립보서 2:25에서 에바브로디도(에바브라)를 "동역자"('순에르고스'[συνεργός])와 "동료군사"('수스트라티오테스'[συστρατιώτης])로 부른다. 말씀사역자가 그리스도의 종으로서 살아가야 하는 근거는 예수님이 보여주신 종의 모범이다(막 10:45; 롬 5:19; 빌 2:5-8).

그리스도의 종으로서의 정체성은 예수님은 주님과 왕이시라는 고백에 기초한다. 오늘날 그리스도를 주님으로 모시는 그리스도인들은 그리스도의 명령과 권위에 절대적으로 순종하면서 봉사해야 한다.

또한 바울은 에바브라를 골로새 교회 성도들을 위한("너희를 위한") "그리스도의 신실한 일꾼"으로 묘사하고 있다. 어떤 사본에는 "우리를 위한"('휘페르 헤몬'[ὑπὲρ ἡμῶν])으로 나와 있지만 여기서는 "너희를 위한"('휘페르 휘몬'[ὑπὲρ ὑμῶν])을 택한다. 앞에서 본 바와 같이 에바브라는 골로새 교회를 세웠고 그 교회 성도들을 가르친 사역자였다. 빌립보서 2:30("그가 그리스도의 일을 위하여 죽기에 이르러도 자기 목숨을 돌보지 아니한 것은 나를 섬기는 너희의 일에 부족함을 채우려 함이니라")에 의하면 에바브로디도는 "그리스도의 일" 때문에 목숨을 아까운 것으로 여기지 않았다. 에바브로디도는 그리스도를 위한 일과 주님께서 맡기신 일을 완수하기 위해서는 자신의 목숨을 걸고 최선을 다하였다. 복음 전파와 바울 사도를 돕는 일에 전념하면서 자신을 제대로 돌보지 못하고 병에 걸려 죽을 지경에 이르기도 하였다. 그는 주인 되신 예수 그리스도에 대한 절대적 순종과 동역자들과 성도들에게 신의를 보여준 훌륭한 사역자였다. 그래서 바울은 에바브라를 신실하다고 말하는 것이다. 오늘날에도 그리스도의 일꾼들은 그리스도를 위한 일과 그리스도께서 맡기신 사명을 이루기 위해 주 예수 그리스도에게 충성하면서 사역을 감당해야 한다. 그렇게 할 때 주님께서 신실하고 충성스런 일꾼이라고 칭찬하실 것이다.

8절 _ 성령 안에서 너희 사랑을 우리에게 알린 자니라

바울은 에바브라를 통해 골로새 교회 성도들의 상황을 전해 들었다. 모든 성도들을 향한 골로새 교회 성도들의 사랑이 에바브라를 통해 바울에게 알려졌다. 골로새 교회 성도들의 이웃 사랑은 바울의 감사의 제목이 되고 바울과 그의 동역자들에게 알려질 만큼 유명했다(골 1:4). 개역개정 번역인 "성령 안에서 너희 사랑을 우리에게 알린 자니라"를 "성령 안에 있는 너희의 사랑을 우리에게 알린 자입니다"로 번역하는 것이 더 옳다. 개역개정은 "성령 안에서"라는 부사구를 독립적으로 취하여 에바브라가 성령 안에서 골로새 교회 성도들의 사랑을 바울에게 알렸다라고 해석하는 것이다. 그러나 "성령 안에서"를 사랑을 수식하는 부사구로 취하는 것이 문법적으로 더 올바르다고 판단된다. "성령 안"을 "성령이 역사하는 영역 안"으로 해석 할 수 있다. 사랑이 성령이 역사하는 영역 안에 있다는 말은 사랑은 성령의 역사로 생겨나고 표현된다고 해석할 수 있다. 이 해석은 사랑은 성령의 열매(갈 5:22)라는 바울의 말과 조화를 이룬다.

III. 메시지와 적용

1. 하나님께 항상 감사기도를 드리자

성도들은 하나님께 감사기도를 항상 드려야 한다. 하나님께서는 성도들을 사랑하시고 그들의 구원을 완성해주신다. 그분은 성도들을 택하시고 의롭다하시고 성화시키시고 영화롭게 하신다. 또한 그들을 감화시키시고 능력을 주셔서 복음 사역에 동참하며 복음 사역자들을 돕는 일에 참여시키신다. 하나님의 구원의 복을 수동적으로 받아 누리도록만 하시는 것이 아니라 능동적으로 선교 사역에 참여하도록 하신다. 그러므로 성도는 하나님께 감사기도를 올려드려야 한다. 또한 성도들은 함께 하나님의 선교 사역에 동참하는 일꾼들의 구원과 안녕을 위해 중보기도를 드려야 한다. "감사함으로 그 문에 들어가며 찬송함으로 그 궁정에 들어가서 그에게 감사하며 그 이름을 송축할지어다"라고 노래하는 시편 100편 기자처럼 신자는 감사함으로 하나님께 기도하며 하나님을 찬양해야 할 것이다.

2. 그리스도의 종으로서의 삶을 살자

바울은 에바브라를 "동료 종"이라고 부르면서 자신과 에바브라가 "그리스도의 예수의 종"이라고 믿었다. 바울의 사역을 도왔던 디모데도 그리스도 예수의 종으로 여겼다(빌 1:1). 비록 모든 신자들이 바울, 에바브라, 디모데와 같은 사역과 그리스도에 대한 충성심을 가지기 힘들어서 자신들을 "그리스도 예수의 종"이라는 정체성을 가지는 것이 힘들다고 생각할 수 있을 것이다. 하지만 예수 그리스도를 주님으로 모시고 섬기는 모든 신자들이 주님의 종들이라고는 말할 수 있다. 그리스도 예수님은 신자들의 주님이시며 왕이시다. 신자들은 예수 그리스도를 주로 영접하였으므로 그 분을 섬기는 종이 된 것이다. 엄격히 말하자면 예수 그리스도를 믿고 따르는 신자는 예수 그리스도의 종이 되어야만 그분이 우리의 진정한 주님으로 정당한 예우를 받을 수 있는 것이다. 그리스도 예수는 우리의 주님이시며 왕이시라는 고백의 진정성은 그리스도를 경배하고 순종하는 종의 삶을 통해 확증될 수 있을 것이다. 예수 그리스도께서는 섬기는 자의 모범을 잘 보여 주셨다(막 10:45). 빌립보서 2:5-8은 "그는 하나님의 형상이지만 하나님과 동등함을 취할 것으로 여기지 않으시고 오히려 종의 형체를 가지시고 사람들과 같이 되시고 사람의 모양으로 나타나시면서 자기를 내려놓으셨습니다. 그는 죽음 곧 십자가의 죽음까지 복종하시면서 자기를 낮추셨습니다"(필자역)라고 기록하고 있다. 예수님은 섬기시기 위해 이 땅에 오셨다. 그분은 하나님의 말씀을 순종하기 위해 종의 형체를 취하셨다. 신자들은 주님과 왕이신 예수 그리스도를 지극정성으로 섬기고 순종해야 한다. 그렇게 하여서 그리스도를 기쁘시게 해드려야 한다.

3. 믿음 사랑 소망, 신자의 삼중 요소

신자가 가져야 할 세 가지 중요한 덕목은 믿음, 소망, 사랑이다. 이 세 가지를 가지고 있지 않으면 신자라고 말하기 힘들 것이다. 바울은 이 세 가지가 항상 있어야 된다고 믿었다(고전 13:13). 믿음은 하나님과 예수 그리스도를 회심할 때에 믿고 신뢰하는 것뿐만 아니라 하나님에 대한 신실함을 포함한다. 바울에 의하면 아브라함의 믿음은 하나님에 대한 신뢰와 신실함을 다 포함한다. 그 이유는 바울은 아브라함을 "신실한"자로(갈 3:9) 그리고 그가 하나님을 믿은 점을 아브라함의 "신실성"으로 표현하고 있기 때문이다(롬 4:12). 아마도 바울은 창세기 22장에 나오는 아브라함이 이삭을 하나님께 제물로 드리는 그의 순종을 생각하였을 것이다. 하나님을 믿는 것은 단순히 하나님과 하나님 말씀에 대한 지적인 동의를 의미하지 않는다. 그리고 하나님을 향한 감정적 신뢰와 의지가 믿음의 전부는 아니다. 믿음은 하나님에 대한 의지적 순종과 신실함을 포함한다. 간단히 말하면 믿음은 하나님과 그리스도에 대한 지적인 인식과 감정적인 신뢰와 의지적인 순종을 의미한다.

하나님과 그리스도 예수를 몸과 마음과 뜻을 다하여 사랑하고 이웃을 자신의 몸과 같이 사랑하는 것이 신자의 올바른 태도가 되어야 한다(눅 10:27). 하나님과 예수 그리스도께서 신자들을 사랑하시므로 이러한 자세를 가지는 것은 당연한 것일 것이다. 예수 그리스도의 자기희생적 사랑을 본 받아 이웃을 자신의 몸처럼 사랑하고 나아가서 원수까지도 사랑해야 할 것이다(마 5:44; 롬 12:14, 20). 이것은 "네 원수를 사랑하라"(마 5:44)는 그리스도의 말씀에 근거하고 있다. 또한 신자들은 교회의 성도들을 사랑해야 한다. 사랑이 교회 공동체를 하나로 묶는 띠이기 때문에(골 3:14) 교인들 끼리 서로 사랑해야 한다. 사랑은 교회를 연합하게 하고 결속된 신앙 공동체를 형성시켜서 영적으로 성숙하게 만든다. 사랑은 갈등하는 인간의 공동체를 화목한 공동체로 만들 수 있는 모든 덕목과 성품을 함축적으로 담고 있다.

신자들은 하늘을 소망하며 살아야 한다. 하나님께서는 하나님의 백성들을 위하여 하늘에 소망을 쌓아 두셨다. 하늘에는 하나님과 그리스도께서 계시고 영생과 그리스도의 영광과 기업이 있다. 땅에 있는 것들은 썩어져 사라질 것이지만 하늘의 것들은 영원한 것이다. 그리스도인들이 소망해야 하는 것은 이 세상의 부귀와 영화가 아니라 하늘의 부귀와 영광이 되어야 한다. 그리고 그리스도의 재림을 소망하면서 살아야 할 것이다. 그 이유는 재림 후 신자들은 그리스도의 부귀와 영광에 동참하게 될 것이기 때문이다.

3.
감사기도
(1:9-14)

I. 본문 개관

바울은 골로새 교회 성도들의 믿음 사랑 소망 때문에 하나님께 감사를 드린 후 그들을 위한 중보기도를 하나님께 드리고 있다. 그는 에바브라를 통하여 골로새 교회의 문제와 위기상황을 전해 듣고서 골로새 교회 성도들이 성령께서 주시는 지혜와 총명을 가지고 하나님의 뜻을 아는 지식으로 충만해지기를 간구한다. 바울은 골로새 교회 성도들이 주께 합당히 행하고 영적으로 성숙하며 인내와 감사의 삶을 살기를 기도한다. 왜냐하면 하나님께서 그들을 구원하셨으며 그들이 예수 그리스도 안에서 구속, 즉 죄 사함을 받았기 때문이다. 모든 신령한 지혜와 총명 가운데 하나님의 뜻을 아는 것으로 채워짐의 목적은 하나님께 합당한 삶을 살기 위한 것이다. 또한 하나님께 합당히 행하는 삶의 목적은 모든 삶의 영역 속에 하나님을 기쁘시게 하기 위한 것이다. 성도는 자신을 기쁘게 하는 삶을 살지 않고(롬 15:1-3), 하나님과 예수 그리스도를 기쁘시게 하는 삶을 살아야 한다(롬 8:8; 고전 7:32; 갈 1:10). 하나님을 기쁘시게 하는 삶은 선한 삶의 결실과 하나님을 아는 지식 속에 영적인 성숙을 통해 가능하다. 성도는 하나님의 능력으로 강건한 그리스도인이 되며, 그 목적은 환난을 인내하고 성도의 기업을 주시는 하나님께 감사하기 위한 것이다. 성도는 더 이상 악의 영역에 존재하지 않고 예수 그리스도가 다스리시는 나라로 옮겨졌다. 성도는 예수 그리스도 안에서 죄와 사탄의 권세로부터의 자유와 해방을 누리며 살고 있다.

II. 절별 해설

9절 _ 이로써 우리도 듣던 날부터 너희를 위하여 기도하기를 그치지 아니하고 구하노니 너희로 하여금 모든 신령한 지혜와 총명에 하나님의 뜻을 아는 것으로 채우게 하시고

바울은 골로새 교회 성도들이 그리스도 예수 안에 있는 믿음, 모든 성도에 대한 사랑, 그리고 하늘에 쌓아둔 소망을 가지고 있다는 것을 에바브라를 통해 들었다. 이 소식이 바울이 골로새 교회 성도들을 위하여 기도하게 된 원인이었다("이로써"). 그는 이 소식을 들은 날부터 기도하고 간구하는 것을 중단하지 않았다. 골로새 교회 성도들을 위하여 쉬지 않고 기도하였다. 바울은 유대인의 습관을 따라 예루살렘을 향하여 매일 세 번 기도했을 것이다. 그리고 데살로니가 교회 성도들에게 "쉬지 말고 기도하라"고(살전 5:17) 권고할 만큼 기도하기를 게을리 하지 않았을 것이다. 성도들을 위한 지속적인 중보기도(intercessory prayer)는 바울의 목회적 돌봄의 한 표현 방법이다(롬 1:9-10; 살전 1:2-3; 엡 1:15-16 참조). 바울은 구체적인 기도제목을 가지고 하나님께 기도를 드렸다. 바울의 기도의 내용은 "너희로 하여금 모든 신령한 지혜와 총명에 하나님의 뜻을 아는 것으로 채우게 하시고"이다. 원문을 직역하면 "너희가 모든 신령한 지혜와 총명으로 그 분의 뜻을 아는 지식으로 가득 채워지기를"이다. "그 분"은 하나님을 지칭함으로 "그 분의 뜻"은 하나님의 뜻을 가리킨다. 누구에 의해서 가득 채워지는지에 대해서는 바울이 분명하게 밝히고 있지 않기 때문에 정확하게 알 수는 없다. 하지만 바울은 수동태 동사를 사용할 때 그 동사의 주체를 밝히지 않을 경우 그 주어가 하나님인 경우가 통상적이다. 전문적 용어로 그와 같은 수동태 동사를 "신적 수동태"(divine passive) 동사라고 부른다. 그래서 골로새 교회 성도들이 하나님의 뜻을 아는 지식으로 가득 차도록 만드시는 분은 하나님이시다.

바울의 기도의 핵심은 골로새 교회 성도들이 하나님의 뜻을 아는 지식으로 충만해 지는 것이다. 왜 바울이 이러한 구체적인 기도제목을 가지고 중보기도를 한 것인가? 그 해답을 골로새 교회가 처한 위기상황 속에서 찾아 볼 수 있을 것이다. 위에서 본 바와 같이 어떤 사람들, 즉 거짓 교사들이 골로새 교회 성도들에게 거짓 가르침을 전하고 있었다. 바울은 골로새 교회 성도들이 하나님을 뜻을 아는 지식으로 충만하면 그들이 거짓 교사의 가르침이 잘못된 것임을 알고 그것을 따르지 않게 될 것이라고 믿었던 것이다. 그래서 그런 간구를 하나님께 올리고 있었던 것이다. 바울은 골로새 교회 성도들이 예수 그리스도 안에서 그리고 예수 그리스도를 통해 나타난 하나님의 뜻을 온전히 알기를 간절히 바라는 마음에서 이 같은 기도를 드리게 된 것이다. 바울은 하나님의 뜻을 깨달으면 거짓 교사들의 가르침이 거짓인 줄로 알아 그것을 따르지 않게 되고 골로새 교회의 문제가 해결 될 수 있으리라 기대했을 것이다.

하나님의 뜻을 아는 지식을 얻는 수단 또는 원천은 "신령한 지혜와 총명"이다. "신령한"으로 번역된 원어 '프뉴마티코스'(πνευματικός)는 "성령적인"으로 문자적 번역을 할 수 있다. 예를 들면 "몸"을 뜻하는 헬라어 '소마'와 함께 나오는 '소마 프뉴마티코스'(σῶμα πνευματικός, 고전 15:44)는 "성령적인 몸"을 의미한다. 성령적인 지혜와 총명을 통하여 하나님의 뜻을 아는 지식으로 가득 채워질 수 있는 것이다. 다른 말로 하나님께서 지혜와 총명의 원천인 성령을 통하여 골로새 교회 성도들에게 하나님을 아는 지식을 충만하게 하신다는 것이다. 하나님의 뜻을 알기 위한 합법적인 수단은 유대교나 율법이 아니라 성령이라는 것이 암시되어 있다. 구약에 의하면 지혜는 율법(신 4:6; 대상 22:12)과 하나님의 영(출 31:3; 35:31; 사 11:2)을 통하여 주어진다. 바울은 율법보다는 성령을 통하여 지혜를 얻고 하나님의 마음을 알 수 있다고 주장한다(고전 2:12-16). 하나님께서 성령을 통해 지혜와 총명을 성도들에게 주셨으므로 그리스도에 의해 드러난 하나님의 뜻을 충분히 이해할 수 있는 것이다. 성령은 하나님의 영이므로 성령의 가르침과 인도를 받게 되면 하나님의 뜻을 알게 되고 그 뜻을 따라 살아 갈 수 있는 것이다(고전 2:6-16 참조). 그래서 바울은 그리스도인들은 성령의 인도하심을 받고 살아야 함을 강조한다(롬 8:4; 갈 5:16, 18, 25). 신자가 성령충만 할 때 하나님의 뜻을 알고 받들어 하나님을 기쁘시게 하는 삶을 영위할 수 있다.

10절_주께 합당하게 행하여 범사에 기쁘시게 하고 모든 선한 일에 열매를 맺게 하시며 하나님을 아는 것에 자라게 하시고

하나님의 뜻을 아는 지식으로 충만하게 됨의 목적은 하나님께 합당히 행하기 위함이다. "행하다"의 원뜻은 "걷다"이며 삶의 행위를 일컫는다. 이러한 용례는 구약(출 18:20; 신 13:4-5; 시 86:11; 잠 28:18; 사 33:15)과 바울서신(롬 6:4; 8:4; 13:13; 고전 7:17; 고후 5:7; 갈 5:16)에서도 발견된다. 물론 주 예수 그리스도(고전 7:32; 고후 5:9)와 주 하나님(롬 8:8; 갈 1:10; 살전 2:4, 15; 4:1) 두 분 모두가 신자들이 합당히 행하여 기쁘시게 해 드려야 하는 대상이다. 하지만 여기서 "주"는 예수 그리스도보다는 하나님을 지칭한다. 성령의 지혜와 총명을 가지고 하나님의 뜻을 알고 순종하면 주님이신 하나님께 합당한 삶을 살아갈 수 있다. 골로새 교회 성도들이 하나님께 합당한 삶을 살아야 하는 목적은 하나님의 전적인 기쁨이다. 하나님의 온전한 기쁨의 내용은 골로새 교회 성도들이 그리스도를 통해 나타난 하나님의 뜻을 깨달아서 거짓 가르침이 아니라 바울의 가르침을 따르는 것일 것이다(골 3장 참조).

바울은 하나님께 합당한 삶을 사는 방법 두 가지를 10절에서 소개하고 있다. 하나는 모든 선한 일로 열매를 맺는 것이며 또 하나는 하나님을 아는 지식으로 성장하는 것이다. 이 두 가지의 삶이 하나님 보시기에 합당하며 하나님을 기쁘시게 해 드릴 수가 있는 것이다. 개역개정은 "모든 선한 일에 열매를 맺게 하시며 하나님을

아는 것에 자라게 하시고"라고 번역하면서 이 두 가지 내용을 바울의 기도의 내용으로 해석하고 있다. 하지만 이 두 내용을 하나님께 합당한 삶의 구체적인 표현으로 이해하는 것이 더 옳다고 판단된다. "선한 일"은 신자가 하나님의 말씀과 법도를 따라 살아가는 행위들을 가리킨다. 좋은 행위들을 통하여 긍정적이고 아름다운 결과를 만드는 것이 "선한 일로 열매를 맺는 것"이라고 할 수 있다. 신자들은 하나님 말씀을 순종하여 성령의 열매와 같은 다양한 윤리적 덕목들로 열매를 맺으며 살아가야 한다. "하나님을 아는 지식"은 하나님이 어떤 분이시며, 하나님의 행위들은 무엇이며, 하나님의 축복들은 무엇이며, 그리스도와 성령을 통해 나타난 하나님의 뜻은 무엇이며, 신자의 윤리적 삶에 대한 하나님의 법도는 무엇인가에 대한 지식과 지각을 의미한다고 볼 수 있다. 이 지식은 하나님에 대한 체험적 지식을 포함한다. 인간은 유한하여 무한하신 하나님을 온전히 알고 이해할 수는 없다. 그러나 하나님의 말씀인 성경을 통해 하나님을 알 수 있다. 그리고 그리스도와 성령을 통해 계시된 하나님을 알고 체험할 수 있다. 예수 그리스도는 하나님의 형상으로서(골 1:15; 참조 고후 4:4, 6; 빌 2:6 참조) 하나님을 계시하신 분이시므로 그 분을 통해서 하나님을 알 수 있다. 그리고 성령은 하나님의 영이시므로 성령의 인도와 조명을 통하여 하나님의 뜻과 마음을 알 수 있다(고전 2장 참조). 하나님을 아는 지식에 성장하는 것은 하나님을 알고 이해하여 그 분을 알고, 이해하고, 경배하고, 순종하여 그 분과 인격적인 교제를 친밀하게 가지는 삶에 진보와 성숙함을 이루는 것을 의미한다.

11절_그의 영광의 힘을 따라 모든 능력으로 능하게 하시며 기쁨으로 모든 견딤과 오래 참음에 이르게 하시고

바울은 하나님께 합당한 삶을 사는 방법 또 하나를 11절에서 말하고 있다. 그것은 하나님의 능력으로 능력 충만해 지는 것이다. 바울은 골로새 교회 성도들이 하나님의 능력을 공급받아 능력 있는 삶을 살기를 바라고 있다. 능력 있게 되는 수단은 "하나님의 영광의 힘"이다. 하나님의 "영광의 힘"은 하나님의 영광된 힘을 말하는데 하나님의 영광스런 임재 가운데 나타나는 신성과 능력을 의미한다. 하나님의 능력은 바울에게 있어서 매우 중요한 주제이다(롬 1:20; 고전 1:18, 24; 고후 13:4; 엡 1:19; 3:7 참조). 모든 능력으로 능력 있게 되는 것은 부족함이 없이 강하게 되는 것을 의미한다. "모든 능력"은 하나님의 능력을 따라 강하게 되는 것이기 때문에 육체적이거나 금전적인 힘이 아니라 믿음의 능력과 같은 힘을 의미하는 것 같다. 성령의 능력으로 충만해 지는 것으로 이해할 수도 있을 것이다. 능력 충만의 목적은 "모든 견딤과 오래 참음"이다. 그 당시 그리스도인들은 그들의 믿음 때문에 사회로부터 차별과 핍박을 받고 있었다. 그래서 그들은 하나님께서 주시는 힘으로 인내하고 참고 살아갈 필요가 있었다. 성령의 열매중 하나가 오래 참음이므로(갈 5:22) 바울은 그들이 성령의 능력으로 환난을 참을 수 있다고 믿었을 것이다. 하나님의 능력은 선한 행위의 열매와 영적 성숙을 가능하게 한다. 그러므로 신자는 하나님의 능력으로 강건하게 되어 어떤 환난도 인내하고 오래 참아야 할 것이다.

12절_우리로 하여금 빛 가운데서 성도의 기업의 부분을 얻기에 합당하게 하신 아버지께 감사하게 하시기를 원하노라

바울은 하나님께 합당한 삶을 사는 또 하나의 방법을 12절에서 말하고 있다. 바울은 골로새 교회 성도들이 성도의 기업의 분깃을 얻게 하신 하나님 아버지께 감사하면서 하나님께 합당한 삶을 살기를 기원한다. 위에서 언급한대로 바울은 성도들에게 감사하는 삶의 중요성을 강조했고 그 자신도 하나님께 감사하면서 살았다. "기쁨으로"('메타 카라스'[μετὰ χαρᾶς]) 전치사 구를 11절의 "모든 견딤과 참음"보다는 12절의 "감사하면서"('유카리스툰테스'[εὐχαριστοῦτες]) 분사와 연결시키는 것이 문법적으로 자연스럽다. 그래서 "기쁨으로 감사하면서"로 번역하는 것이 더 적합해 보인다. 바울은 "항상 기뻐하라"(살전 5:16)고 "주 안에서 기뻐하라"(빌 3:1; 4:4)고 말한다. 기쁨은 성령의 열매이다(갈 5:22). 그러므로 신자들은 하나님께 기쁜 마음으로 감사하는 것은 당연한 것이다. "성도"로 번역한 "하기오이"(ἅγιοι)는 천사가 아니라 그리스도인을 지칭한다. 성도는 위에서 지적한 바와 같이 하나님의 거룩한 백성들을 가리킨다. 거룩의 영인 성령으로 성화된 신자들이 성도들인 것이다. "기업"은 하나님께서 이스라엘 백성들에게 주시기로 약속한 약속의 땅(민 18:20; 26:52-56; 수 14:3-4), 하나님 자신(신 10:9), 또는 하늘에서 누릴 영생(단 12:13)을 일컫는 말이다. 여기에서는 하늘나라에서 성도가 누릴 하나님의 축복을 의미한다고 볼 수 있다. 하나님은 이스라엘 백성들에게 지파별로 기업의 분깃을 나눠주셨다. 기업의 분깃을 가질 자격이 없는 이방인 그리스도인들이지만 성령의 능력으로 하나님을

아바 아버지로 고백하게 되고 이스라엘의 기업을 물려받을 수 있는 하나님의 자녀가 되어 상속자가 되었다(롬 8:14-15; 갈 4:7). 이방인 신자들인 우리들은 전적으로 하나님의 은혜에 의하여 이러한 축복을 받게 되었다. 우리의 아버지이신 하나님께서 사랑하는 자녀들이 하늘의 기업을 상속할 수 있는 자격을 가지도록 역사하셨다. 하나님께서 이러한 자격을 주시는 대상이 12절에서는 바울과 골로새 교회 신자들을 포함하는 "우리"로 볼 수도 있다. 하지만 골로새 교회 성도들만 해당하는 "너희"로 보는 것이 원문에 더 가깝다고 판단된다. 부사구 "빛 가운데서"는 기업을 얻는 영역 또는 성도가 존재하는 영역을 묘사할 수 있는데, 전자가 더 구문적으로 옳다고 볼 수 있다. "빛"은 하늘나라의 빛을 의미한다. 이 "빛"은 세상의 악한 세력들이 다스리고 있는 영역인 "흑암"(1:13)과 대조되어 있다. 하나님 아버지는 성도들로 하여금 빛 가운데서 기업을 얻게 하심으로써 그들은 빛의 자녀들로 불린다(살전 5:15; 참조 눅 16:8; 요 12:36). 신자들은 하나님의 기업을 상속할 수 있는 자격이 없는 자들을 하나님의 자녀로 삼으시고 기업을 주신 하나님 아버지께 항상 감사하면서 살아야 할 것이다. 그것이 하나님께 합당한 삶이며 하나님을 기쁘시게 해 드리는 것이다.

13절 _ 그가 우리를 흑암의 권세에서 건져 내사 그의 사랑의 아들의 나라로 옮기셨으니

바울은 골로새 교회 성도들이 감사를 드려야 할 하나님이 어떤 분이신가에 대해 말하고 있다. 하나님께서는 성도들을 흑암의 권세

에서 성도들을 건져내시어 그의 사랑하는 아들의 나라로 옮기신 분이시다. "그"는 하나님 아버지를 지칭하고 "우리"는 바울과 골로새 교회 성도들을 가리킨다. 빛과 어두움을 선과 악으로 구분하는 이원론의 관점으로 보면 "흑암"은 악을 상징하며 죄의 권세 아래 있는 상태를 묘사한다(롬 1:21). 하나님께서는 성도들을 악의 권세로부터 구출하셔서 어두움이 아니라 빛 안에 거하게 하셨다. 마치 하나님이 이스라엘을 애굽의 종살이로부터 구출해 내셨듯이(출 6:6-8; 14:30; 신 13:5) 성도들을 죄와 사탄의 권세로부터 구출해 내셨다. 그래서 성도들은 어둠의 권세로부터 해방된 빛의 자녀들이 된 것이다(살전 5:4-6; 엡 5:8 참조).

하나님께서는 우리를 악의 권세에서 구출해 내셔서 하나님께서 사랑하시는 아들의 나라로 옮기셨다. 원문 '투 휘우 테스 아가페스 아우투'(τοῦ υἱοῦ τῆς ἀγάπης αὐτοῦ, "그의 사랑의 아들"[개역개정])을 문자적으로 번역하면 "그의 사랑의 아들"이 된다. "그"는 하나님을 가리킨다. '아가페'의 속격 '아가페스'를 형용적 속격으로 취하여 '투 휘우 테스 아가페스' "사랑하는 아들"로 번역할 수 있다. 그래서 '투 휘우 테스 아가페스 아우투'를 "하나님의 사랑하는 아들"로 번역할 수 있다. 아들을 사랑하는 분은 하나님이시다. 그리스도가 하나님께서 사랑하시는 하나님의 아들이라는 개념은 메시아에 대한 예언인 사무엘하 7:12-16에 근거하고 있다. 초기 기독교는 이 본문에 근거하여 예수님께서 침례를 받으신 후에 "너는 내 사랑하는 아들이라"라는 하늘에서 난 소리를(마 3:17; 막 1:11; 눅 3:22) 메시아적으로 해석한 것이다. 메시아가 하나님의 아들이라는 신앙은 구약에 나오는 소위 메시아 본문에 기원을 두고 있다(삼하 7:12-17; 시

2:7-9; 시 89:26-29). 예수님께서 하나님의 아들이라는 바울의 진술도 이 구약성경 말씀에 기초하고 있다. 그리고 예수님께서 하나님께서 사랑하시는 아들이라는 말은 초기 기독교의 신앙고백에 의존하고 있다(막 1:11). 하나님의 아들의 나라(고전 15:24-25; 엡 5:5)는 메시아이신 예수 그리스도가 주와 왕으로서 다스리시는 나라를 말한다. 하나님의 아들의 나라는 하나님 나라와 구분되기는 하지만 밀접한 상관성을 가지고 있다. 예수 그리스도를 주와 왕으로 고백하고 영접하는 자는 그리스도의 나라 안에서 역사되는 그분의 통치를 경험할 수 있다. 하나님은 성도의 존재 영역의 전환 역사를 종말론적으로 이루셨다. 악이 지배하는 세상에서 하나님의 아들이 다스리시는 세상으로 옮겨져 그리스도의 통치와 축복을 누릴 수 있게 되었다. 이 전환은 이미 시작되었지만 그 완성은 예수 그리스도의 재림 후에 이루어진다. 하나님의 아들의 나라는 예수 그리스도의 제자들이 예수 그리스도를 왕으로 모시고 그리스도 안에서 그 분의 통치를 순종하면서 받을 때 실감될 수 있는 것이다. 이것이 실현될 수 있는 수단은 교회라고 할 수 있을 것이다. 물론 교회가 하나님의 아들의 나라이라고 말하는 것은 아니다. 다만 교회를 통해서 하나님의 아들의 나라를 경험할 수 있다는 것이다. 성도는 하나님의 아들의 나라에서 그리스도를 주로 모시고 그분의 통치를 받으며 살아가야 한다. 우리를 죄와 사탄의 권세에서 하나님의 아들의 나라로 전환을 이루신 하나님께 항상 감사해야 한다.

14절 _ 그 아들 안에서 우리가 속량 곧 죄 사함을 얻었도다

바울은 성도는 하나님의 아들 안에서 속량 곧 죄 사함을 가진다고 말한다. 원문 '엔 호'("그 안"[ἐν ᾧ])는 하나님의 아들 예수 그리스도 안을 가리킨다. "그리스도 안"은 바울서신에 자주 등장하는 언어인데 크게 세 가지 용법으로 사용된다: 1) 하나님의 구원 행위가 발생하는 영역; 2) 구원의 유익들이 존재하는 영역; 3) 신자가 존재하는 영역. 이 구가 본 절에서는 둘째 용법으로 사용되었다. 구속은 그리스도 안에 있다(롬 3:24; 엡 1:7). 여기서도 "우리"는 바울과 골로새 교회 성도들을 가리킨다. "구속"은 죄수나 포로를 종살이로부터 구해내는 것을 의미한다. 본 절에서 구속은 흑암의 권세와 속박으로부터의 해방을 뜻한다. 이 말씀의 배경은 이스라엘이 애굽의 종살이로부터 해방되는 출애굽(출 8:23; 신 7:8; 9:26; 13:6; 15:5; 시 74:2; 77:16)과 바벨론의 포로로부터(사 41:14; 43:1, 14; 44:22-24; 52:3; 54:5) 하나님께서 이스라엘을 구속하시는 사건이다. 예수 그리스도는 성도의 구속을 위해 죽으셨다(고전 6:20; 7:23; 엡 1:7; 딤전 2:6; 벧전 1:18). 하나님께서는 하나님의 아들 예수 그리스도를 이 땅에 보내셔서 흑암의 권세 아래 신음하는 인간들을 속량하셨다. 죄와 사망의 권세 아래에 있었던 우리들을 구출하셔서 죄의 노예생활로부터 해방시켜 주신 것이다. 바울은 구속을 죄 사함과 유사한 개념으로 표현한다. 구속은 죄의 권세로부터의 해방을 의미하므로 죄인은 더 이상 정죄되지 않고 사해진 것이다. 하나님은 죄의 권세로부터 구출하실 뿐만 아니라 죄의 결과도 기억하지 않으시고 용서하신다. 그러므로 죄의 권세로부터의 해방된 성도들은 죄의 노예가 아니며 죄책감으로부터 자유 할 수 있다.

III. 메시지와 적용

1. 하나님의 뜻을 아는 지식으로 충만해 지는 것

하나님을 믿는 자들에게는 인간 역사와 만물을 주관하고 운행하시는 하나님의 뜻을 알고 그 뜻대로 살아 하나님을 기쁘게 해드리는 것이 인생의 기쁨과 목적이 되어야 한다. 그래서 하나님의 뜻을 알고 그 뜻대로 살아가는 것이 매우 중요하다(마 7:21; 막 3:35; 행 2:14; 엡 5:17; 6:6; 살전 4:3 참조). 성령을 체험한 성도들은 성령께서 하나님의 마음과 뜻을 알 수 있도록 지혜와 총명을 제공하신다. 그러므로 그리스도인들은 성령 충만하여서 성령의 인도와 조명을 받아야 한다. 그리고 하나님의 지혜이시며 형상이신 예수 그리스도께서 하나님을 드러내 보여주셨기 때문에 우리는 그리스도의 행위와 말씀을 통하여 하나님을 알 수 있다. 신자는 성령과 그리스도를 통하여 하나님의 지식으로 충만하게 되면 하나님을 체험적으로 알 수 있으며 하나님을 두려워하며 지혜로운 삶을 살 수 있다. 세상의 여러 지혜와 지식을 쌓아가는 것도 필요하지만 무엇 보다 중요한 것은 하나님을 아는 지식을 쌓는 것이다. 이를 위해 하나님의 말씀인 성경을 열심히 읽고 듣고 공부해야 할 필요가 있다. 예배에 참석하여 강단에서 선포되는 말씀을 경청해야 한다. 성경 통독이나 성경공부 과정에 참여하여 성경을 탐구해야 한다. 성령의 조명을 기도하면서 의지하고 성경이 제시하는 하나님의 메시지에 귀 기울어야 한다.

2. 하나님께 합당한 삶

신자들은 우리를 구원해 주신 하나님께 합당한 삶을 살아야 한다. 주께 합당히 사는 삶은 도덕적 성숙에 의해 나타난다. 하나님을 아는 지식으로 충만함의 결과는 하나님을 경험함으로써 얻게 되는 영적 성숙이다. 하나님을 체험적으로 아는 성도는 선한 삶을 살아야 하며 영적 성숙을 이루어야 한다. 하나님의 뜻을 아는 지식에 근거하여 모든 선한 삶의 열매를 맺어야 한다. 신자들은 하나님을 기쁘시게 해드리기 위해 하나님의 뜻을 순종하면서 성령의 열매와 같은 좋은 도덕적 열매들을 생산해내어야 한다. 그리고 하나님을 아는 지식에 성장해 나가야 한다. 하나님을 기쁘시게 하는 삶은 선한 삶의 결실과 하나님을 아는 지식 속에 영적으로 성숙함을 통해 이루어진다. 신자가 주께 합당한 삶을 살아야하는 목적은 주를 기쁘시게 하기 위함이다. 하나님은 모든 일들을 자신의 기쁨을 위하여 역사하신다(John Piper, *Pleasures of God*). 하나님의 뜻을 받들어 순종하면 하나님께서 기뻐하실 것이다. 바울은 하나님을 기쁘시게 하는 삶을 살기 위해 열심히 노력했다(갈 1:10). 그는 고린도후서 5:9에서 "그런즉 우리는 몸으로 있든지 떠나든지 주를 기쁘시게 하는 자가 되기를 힘쓰노라"라고 말하면서 심판대 앞에서 주님이신 하나님의 칭찬을 받기 위해 최선을 다해 살았다(고후 5:10 참조). 그는 주님이신 하나님을 기쁘시게 해드리는 신실한 종의 삶을 살았다. 우리도 바울 사도를 본 받아 하나님의 전적인 기쁨이 신자의 인생의 목적이 되어야 한다. 이것을 위해 하나님의 뜻을 순종하여 주님께 합당한 삶을 살아야 한다. 하나님께 합당히 행하는 삶의 목적은 모든 삶의 영역 속에 하나님을 기쁘시게 하기 위한 것이다.

그러므로 그리스도인은 자신을 기쁘게 하는 삶을 살아서는 안 된다(롬 15:1-3). 오히려 하나님과 예수 그리스도를 기쁘시게 하는 삶을 살아야 한다(롬 8:8; 고전 7:32; 갈 1:10).

4.
그리스도를 찬양함

(1:15-20)

I. 본문 개관

본 구절은 하나님이 사랑하시는 아들에 대한 찬양시로서 그리스도의 수월성에 대해 노래하고 있다. 이 찬양시의 기원이 무엇이냐에 대해서 논란이 많다. 다른 바울 서신에서 발견되지 않는 독특한 용어들이 있어서 바울이 아니라 바울 이전의 초기 기독교가 만든 것이라는 설이 있다. 어떤 학자들은 바울이 만든 시라고 주장하기도 한다. 사실 비교할 수 있는 자료가 많지 않으므로 초기 기독교의 작품인지 바울의 저작인지를 정확히는 알 수 없다. 하지만 이 찬양시에 나오는 기독론이 바울의 다른 서신에 나오는 기독론과 유사하다는 점에 기초해 볼 때 바울이 기존에 있었던 찬양시를 전부 인용했다고 보기 보다는 자신의 신학적 용어들과 융합하여서 이 찬양시를 만들었으리라 추측된다. 그리스도가 하나님의 형상이라는 것은(골 1:15) 고린도후서 4:4-6에서 발견된다. 모든 만물이 그리스도로 말미암아 창조되었다는 점은(골 1:16)은 고린도전서 8:6에서도 찾아 볼 수 있다. 어떠하던지 간에 바울이 이 시를 통째로 인용했다는 분명한 증거가 없는 한 바울이 이 시를 최종적으로 완성했다는 것과 바울의 신학이 이 찬양시 안에 담겨있다는 점은 부인할 수 없다.

이 찬양시 안에 바울의 기독론이 잘 표현되어 있다. 예수 그리스도는 보이지 아니하시는 하나님의 형상으로서(고후 4:4, 6 참조), 하나님이 누구이신가와 하나님의 신성을 나타내신다. 또한 그분은 창조물 보다 선재하며 창조물 위에 군림하는 분이시다. 그분은 하늘과 땅에서 보이는 것들과 보이지 않는 것들과 혹은 보좌들이나 주관들이나 정사들이나 권세들을 포함하는 모든 물적 존재들과 영적 존재들을 창조하신 분이시며 그 모든 것들은 그분을 위해 존재한다. 그분은 우주를 관장하는 분이시며 교회의 주인이시다. 그분은 창조주이시며 부활의 첫 열매로서 부활의 보증이시다(고전 15:20, 23 참조). 그분은 창조와 부활을 통하여 모든 것 위에 뛰어나신 지고하신 분이시다. 예수 안에 신성의 충만이 거함은 예수님이 신성을 가지고 있음을 의미한다. 예수님의 십자가의 피를 통하여 하나님은 모든 만물과 화해를 이루시기를 기뻐하신다. 예수 그리스도는 만유의 근본이시며 교회의 근본이시다.

II. 절별 해설

15절 _ 그는 보이지 아니하는 하나님의 형상이시요 모든 피조물보다 먼저 나신 이시니

바울은 예수 그리스도는 보이지 아니하는 "하나님의 형상"('에이콘 투 테우'[εἰκὼν τοῦ θεοῦ])이라고 말한다. "그는"은 하나님께서 사

랑하시는 아들을 가리킨다. 하나님은 영적 존재(요 4:24)이므로 보이지 않는 분이시다(롬 1:20; 딤전 1:17; 참조 히 11:27). 바울은 다마스커스(Damascus)로 가는 길에서 경험한 예수 그리스도의 현현(Christophany)을 통하여 예수 그리스도가 "하나님의 형상"임을 인식하게 되었다(고후 4:4, 6 참조). 예수 그리스도가 하나님의 형상이라는 것은 그 분께서 보이지 않는 하나님을 보여주는 전형이라는 의미다. 그 사상적 배경은 하나님의 "지혜"를 하나님의 형상으로 이해하는 헬라적 유대주의 사상(특히 필로의 사상[Philo, *Allegorical Interpretation*, 1.43])으로 보인다(Dunn, *Colossians*, 88-89). 보이지 않으시는 하나님이 "지혜"를 통하여 자신을 드러내신다는 사상이다(잠 8:22-30). 바울에게는 그리스도가 하나님의 지혜이므로(고전 1:30) 보이지 않는 하나님을 계시하신 분이시다. 예수 그리스도가 모든 창조물보다 "먼저 나신 자"('프로토토코스'[πρωτότοκος])라는 말은 태어난 순서를 따른 맏이가 아니라 비유적으로 사용되어 으뜸을 의미한다. 예수님이 첫 번째로 창조된 자가 아니라 창조물 보다 선재하며 창조물 위에서 군림하는 분임을 의미한다. 그리스도의 선재(pre-existence of Christ[요 1:1-2; 8:58 참조])와 초월성이 암시되어 있다. 16절에서 나오는 것처럼 예수 그리스도는 하나님의 창조 사역에 창조자로 동참하였으며 모든 만물들이 예수 그리스도를 위해 존재한다. 예수 그리스도는 모든 창조물을 다스리시며 주관하시는 분이시다. 모든 것이 그리스도 안에서 통일된다(에베소서의 주제). 그리스도가 만물의 중심이 되어 모든 것들을 붙드시고 유지하신다(히 1:3 참조). 바울은 "그가 만물보다 먼저 계시고 만물이 그 안에 함께 섰느니라"(골 1:17)라고 말하면서 예수 그리스도가 역사 이전에 존재하신 분이며 그분이 우주를 유지하시는 분(sustainer of the universe)이라고 주장한다. 바울은 예수님께서 창조주로서 창조 이전에 존재하셨다는 사실을 믿었다. 사도 요한(요 1:1-3)과 히브리서 기자도(히 1:2) 유사한 입장을 견지한다.

16절 _ 만물이 그에게서 창조되되 하늘과 땅에서 보이는 것들과 보이지 않는 것들과 혹은 왕권들이나 주권들이나 통치자들이나 권세들이나 만물이 다 그로 말미암고 그를 위하여 창조되었고

바울은 하나님의 아들 예수 그리스도가 하나님의 형상이시며 모든 피조물보다 먼저 나신 자라는 주장의 근거를 16절에서 제시하고 있다. 그 근거는 만물이 예수 그리스도로 말미암아 창조되었고 그 분을 위하여 창조되었다는 사실이다. 헬라어 '엔 아우토'(ἐν αὐτῷ, "그 안에서")를 "그에게" 또는 "그 안에서" 보다는 전치사 '엔'을 수단으로 해석하여 "그에 의하여" 또는 "그로 말미암아"로 번역하는 것이 옳다고 본다. 이렇게 해석하면 예수 그리스도가 창조의 사역에 동참하신 분이 된다("그로 말미암아," 16절 후반절 참조). 16절은 "지혜"가 창조사역의 사역자로 묘사된 유대주의의 지혜 전통에(시 104:24; 잠 3:19; 8:22-31) 기초하고 있다. 바울은 예수 그리스도를 "지혜"로 간주했다(고전 1:30). 바울은 예수 그리스도께서 이 "지혜"와 같이 "하나님의 형상"으로서 하나님의 창조사역에 창조자로 동참하셨다고 주장하고 있다. 그리고 예수 그리스도는 하나님과 같은 "주"(Lord)로서 모든 것들을 창조하신 분이라고 믿었다(고전 8:6). 하늘에 있는 것들은 우주의 별들과 천상의 영적 존재들, 땅에 있는 것들은 피조물들과 인간을 지칭한다. 이 둘을 다시 보이지 않는 영적 존재들과 보이는 물질적 존재들로 묘사된다. "보좌"와 "주관" 그리고 "정사"와 "권세"들은 세상의 왕들이 아니라 천사와 영들과 같은 하늘의 세력들을 지칭한다. 바울에 의하면 이 천상적 세력들이 예수 그리스도를 통하여 창조 되었고 또한 그분을 위하여 존재한다. 그리스도는 하늘과 땅의 모든 존재들 위에 수월하신 분이시며 만물 창조의 사역자(agent)이시다. 그리스도가 하나님과 같은 창조주이시라는 사상은 훗날 AD 4세기에 하나님과 그리스도가 같은 본질을 가지고 계시다는 교리의 기초를 제공하고 있다.

17절 _ 또한 그가 만물보다 먼저 계시고 만물이 그 안에 함께 섰느니라

바울은 계속하여 예수 그리스도가 하나님을 육체의 형태로 드러내신 분이시며 만물을 다스리시는 분이라는 주장의 근거를 제시하고 있다. 그 근거는 예수 그리스도께서 만물보다 먼저 계시고 만물이 예수 그리스도 안에 함께 섰다는 사실이다. "그"는 하나님의 아들 예수 그리스도를 지칭한다. "만물"은 16절에서 언급된 "하늘과 땅에서 보이는 것들과 보이지 않는 것들과 혹은 왕권들이나 주권들이나 통치자들이나 권세들"을 가리킨다. "먼저"는 시간상의 우선성 또는 지위상의 수월성을 나타낼 수 있는데, 전자가 더 타당해 보인다. 하지만 후자의 의미가 배제되는 것은 아니다. 예수 그리스도가 만물보다 먼저 계셨다는 것은 그 분이 창조 전 즉 역사 이전에 존재하였음을 보여준다. 예수 그리스도의 선재성과 신성을 알 수 있는 말씀이다. 하늘과 땅의 모든 만물들이 그리스도 안에서 함께 섰다는 말은 그리스도가 모든 것을 관장하시고 유지하시는 분임을 의미한다. 본 절은 예수 그리스도의 선재성과 그분이 우주를 유지하시는 분임을 보여준다. 모든 것이 그리스도 안에서 통일된다는 에베소서의 주제와 유사한 말씀이다. 그리스도가 만물의 중심이 되어 모든 것들을 붙드시고 유지하신다는 사실을 알 수 있다(히 1:3 참조). 그리스도의 선재(pre-existence of Christ)는 하나님 아버지와 하나님의 아들 그리스도가 동일한 신성을 가지고 있다는 후대의 신학에 근거를 제공하고 있다.

18절 _ 그는 몸인 교회의 머리시라 그가 근본이시요 죽은 자들 가운데서 먼저 나신 이시니 이는 친히 만물의 으뜸이 되려 하심이요

바울은 하나님의 아들이신 예수 그리스도를 교회의 "머리"('케팔레'[κεφαλή])라고 말한다. 바울은 교회를 여러 지체들로 구성된 인간의 몸으로 묘사한다(고전 12:12-31; 롬 12:5; 엡 1:23 참조). 교회는 하나님의 백성의 모임(고전 1:2; 11:16, 22; 15:9; 살전 2:14)이며 다양한 부분으로 형성된 몸의 각 지체들은 그리스도 안에서 하나를 이루고 있다(고전 12:12; 골 3:15). 그리스도가 교회의 "머리"라는 상징은 그분이 교회의 주가 되시어 권세로 교회를 다스리심을 의미한다. 또한 그것은 그분이 모든 자원의 원천이 되시어 몸 된 교회를 유지하시고 성장시키신다는 것을 함의하기도 한다(엡 4:16 참조). 만물뿐 아니라 몸의 지체인 각 지역 교회와의 관계에서도 예수 그리스도는 다스리시고 유지하시는 주님이시다. "근본"('아르케'[ἀρχή])은 시작과 기원을 의미한다(신 21:17 참조). 하나님의 아들 그리스

도께서 근본이라는 것은 그분으로부터 하나님의 부활의 시작이 된다는 것을 의미하는 것 같다. 하나님의 아들 예수 그리스도가 하나님의 화해의 사역의 근원임을 암시하는 것으로 보인다. 예수 그리스도가 죽은 자들 가운데서 "먼저 나신 이"('프로토토코스')라는 말은 예수 그리스도가 죽은 자들 가운데서 먼저 부활하셔서 부활의 첫 열매가 되셨음을 의미한다(고전 15:20, 23 참조). 그분이 죽은 자들의 부활의 원조가 되셔서 죽은 자가 다시 살아나는 역사를 주관하는 분이시라는 것을 의미한다. 예수 그리스도의 부활이 죽음의 권세를 이기시고 부활의 보증이 되셨으며 부활을 통하여 하나님의 생명 창조 사역이 시작되었음을 의미한다. 예수 그리스도가 근본이 되시고 죽은 자들 가운데 먼저 부활하신 목적은 예수 그리스도가 만물의 "으뜸"('프로튜온'[πρωτεύων])이 되시기 위함이다. 다시 한 번 예수 그리스도가 모든 만물 위에 군림하시고 만물을 다스리시는 분이라는 점이 강조되어 있다. 예수 그리스도가 "으뜸"이라는 사실은 빌립보서 2:9-11에 잘 나타나 있다("이러므로 하나님이 그를 지극히 높여 모든 이름 위에 뛰어난 이름을 주셨습니다. 그래서 하늘에 있는 자들과 땅에 있는 자들과 땅 아래에 있는 자들의 무릎이 예수의 이름에 무릎 꿇을 것이며 모든 입이 하나님 아버지의 영광을 위하여 예수 그리스도를 주라 고백할 것입니다"[필자 역]).

19절 _ 아버지께서는 모든 충만으로 예수 안에 거하게 하시고

바울은 하나님의 아들 예수 그리스도께서 "근본"과 "으뜸"이시다는 근거를 19절에서 제시한다. 그 근거는 하나님의 신성(deity)이 하나님의 아들 예수 그리스도 안에 거한다는 사실이다(골 2:9 참조). 개역개정 번역에는 "그 안"을 "예수 안에"로 번역하고 있는데 이것은 정확한 번역이 아니다. 대명사 "그"('아우토스'[αὐτός])는 13절에 있는 하나님의 아들을 지칭하고 있다. 그래서 "그 안"은 하나님의 아들 그리스도 안을 가리킨다(표준새번역은 "그리스도 안"으로 번역한다). 19절을 "(하나님께서) 모든 충만이 그 안에 거하게 하시는 것을 기뻐하셨기 때문이다"라고 번역할 수 있다. 또는 "모든 충만이 그 안에 거하기를 기뻐했다"라고도 번역할 수 있다. 전자의 번역은 동사 "기뻐하셨다"('유도케센'[εὐδόκησεν])의 주어로 하나님 아버지를 첨가한 것이다. 후자의 번역에 의하면 "모든 충만"('판 토 플레로마'[πᾶν τὸ πλήρωμα])이 동사의 주어이다. 개역개정 번역은 전자의 번역을 취한 것이다. 어떤 것을 취하든지 하나님의 충만이 하나님의 아들 그리스도 안에 거하였다는 것이다. "모든 충만"은 모든 만물을 주관하고 유지하시는 하나님의 능력과 성품, 즉 하나님의 신성을 함축한 말이다(렘 23:24 참조). 골로새서 2:9에 의하면 "모든 충만"이 하나님의 신성과 연관되어 있다. 다른 말로 하면 하나님께서 그의 충만 가운데서 하나님의 사랑하시는 아들 안에 거하셨다는 것이다. 이 말은 마치 하나님께서 하나님의 성전에 거하시는 것을 기뻐하시는 것처럼 그리스도 안에 거하시는 것을 기뻐하셨다는 것을 의미한다. 하나님의 신성이 그리스도 안에 거함으로써 하나님의 신성이 그리스도를 통하여 계시되었다는 것이다. 하나님의 성육신과 하나님이 거하시는 장소가 성전에서 그리스도로 변하였다는 점이 암시되어 있다. 이러한 바울의 신학은 요한복음 1:1-18에 나오는 사도 요한의 신학과 유사하다고 볼 수 있다.

20절 _ 그의 십자가의 피로 화평을 이루사 만물 곧 땅에 있는 것들이나 하늘에 있는 것들이 그로 말미암아 자기와 화목하게 되기를 기뻐하심이라

본 절은 그리스도의 아버지이신 하나님께서 그분의 아들 예수 그리스도를 통하여 만물을 그분과 화해시키시기를 기뻐하셨음을 말하고 있다. 만물이 어둠의 세력(골 1:13) 아래에 있어 하나님과 적대 관계에 놓여 있음이 전제되어 있다(골 1:21 참조). 바울에 의하면 하나님은 예수 그리스도의 십자가를 통하여 땅에 있는 것들과 하늘에 있는 것들이 다 포함된 온 우주와 화해 관계를 만드시기를 기뻐하셨다. 하나님과 원수 관계에 놓여 있는 모든 인간과 천상의 존재들을 포함한 만물들과 친구 관계와 같은 평화로운 관계를 이루시기를 원하신 것이다. 만물이 화평을 이루는 대상은 그리스도라기보다는 하나님 아버지로 보는 것이 옳다고 판단된다. 사실 "자기"로 번역된 인칭 대명사 '아우토스'(αὐτός, "그")는 그리스도 또는 하나님 아버지를 지칭할 수 있다. 하지만 바울이 화해의 대상을 하나님이라고 말하고 있기 때문에(고후 5:19-20) 후자가 옳다고 볼 수 있다. 그리고 바울서신에서는 인간이 원수 관계가 된 대상은 하나님이며 화해를 해야 할 대상은 하나님으로 나와 있다(롬 5:10). 하나님은 십자가를 통하여 정사와 권세를 이기시고(골 2:15) 온 우주와 화평을 이루신다. 하나님께서 화해하시는 대상은 "만물"이다. "땅에 있는 것들"은 인간과 땅과 동물과 식물을 포함한 땅에 있는 피조물을 지칭한다. "하늘에 있는 것들"은 천사들이나 영적 존재들을 지칭한다. 십자가의 피가 우주적 화목을 가져오는 수단이다. 인간은 예수 그리스도께서 십자가 위에서 흘리신 피를 통해 의롭게 될 수 있다(롬 5:9). 예수 그리스도의 죽음은 원수 된 인간을 하나님과 화해시킬 뿐만 아니라(골 1:21-22; 롬 5:10; 고후 5:19) 유대인과 이방인을 하나 되게 만든다(엡 2:14-15). 나아가서 십자가는 악의 세력들을 멸하여 그 권세 하에 눌려 있는 모든 피조물들을 하나님과 화해시켜 해방과 구속을 가져다준다(롬 8:19-22 참조). 예수 그리스도를 통한 하나님의 화평 역사의 목적은 악의 세력의 영향 하에 있는 인간과 만물을 다시 새롭게 하여 창조의 원래의 모습 이상으로 회복시키는 것이다. 하나님께서는 하나님의 아들 예수 그리스도를 통하여 하나님의 신적인 능력과 영광을 계시하시기를 기뻐하셨다. 또한 예수 그리스도를 통하여 인간을 포함한 모든 피조물들과 화목하시기를 기뻐하셨다. 그리하여 죄의 권세 아래에서 고통과 저주를 받고 있는 인간과 피조물들이 그것들로부터 해방되었다. 하나님의 우주적 화해와 평화가 예수 그리스도의 죽음을 통해 이루어진 것이다. 하나님의 원 창조의 질서대로 다시 돌아 갈 수 있게 된 것이다. 인간도 피조물도 구속(redemption)을 소망할 수 있게 된 것이다. 인간은 원래의 아담으로 회복될 것이며 피조물도 더 이상 후패하거나 가시와 엉겅퀴를 내지 않게 될 것이다. 이러한 사상은 바울의 "새 창조"(고후 5:17; 갈 6:15) 신학에 나타나 있다.

III. 메시지와 적용

1. 예수 그리스도를 찬양하라

예수 그리스도는 그리스도인의 경배와 찬양을 받으시기에 합당한 분이시다. 성부 하나님께 드리는 경배와 찬양과 똑 같이 성자 하나님이신 예수 그리스도께 드려야 한다. 예수 그리스도는 보이지 아니하시는 하나님의 형상으로서 하나님의 본질을 육체적으로 가시적으로 보여주신 분이시다. 그분은 모든 만물을 창조하셨으며 피조물들을 다스리고 계신다. 그분은 하늘과 땅의 모든 존재들을 다스리고 계시며 모든 만물들은 그분을 위해 존재한다. 그분은 또한 교회의 머리이시며 모든 것 위에 지고하신 분이시다. 그러므로 그리스도인들은 하나님의 아들 예수 그리스도를 주님으로 모시고 그분께 경배와 찬양을 드려야 한다. 그분은 하나님과 같은 주님이시므로(고전 8:6) 그분 앞에 무릎을 꿇어 경배해야 한다. 그분은 우리의 구속과 하나님과의 화해를 위해 십자가 위에서 피를 흘리신 분이시다. 우리를 위해 대신 죽기까지 우리를 사랑하신 분이시므로 그분의 희생적 사랑을 노래해야 한다. 그분이 부활하심으로 우리에게 부활의 생명을 주셨으므로 그분을 높여드려야 한다.

2. 하나님과의 화해를 실현하라

하나님께서 예수 그리스도를 통하여 하나님과 원수관계에 있던 인간과 피조물들과 평화관계를 만드셨다. 아담의 죄로 말미암아 하나님의 영광에 이르지 못하였는데 예수 그리스도를 통하여 하나님께 다가설 수 있게 되었다. 인간과 피조물의 하나님과의 관계가 인간이 타락하기 이전의 상태로 복원되었다. 인간은 하나님께 가까이 다가가 그분의 영광을 경험할 수 있게 되었으며 에덴을 다시 되찾을 수 있게 되었다. 피조물들도 인간의 타락 이전으로 돌아가 가시와 엉겅퀴를 더 이상 내지 않고 하나님의 창조 질서대로 존재할 수 있게 되었다. 하나님의 인간과 피조물과의 평화가 하나님의 기뿐이므로 인간은 인간과의 평화 그리고 창조물과의 평화를 추구하며 살아가야 한다. 하나님과 화해한 인간들 사이에는 빈부의 차별, 인종차별, 남녀차별, 사회적 지위 고하의 차별은 존재할 수 없는 것이다(갈 3:28 참조). 그리고 그들은 하나님과 화해한 하나님의 창조물들을 파괴하며 살아갈 수는 없는 것이다. 그리스도인은 하나님의 평화의 사신(ambassador)이 되어야 한다(고후 5:19 참조). 이런 저런 모양으로 평화 운동가와 환경 운동가가 되어야 할 것이다.

5.
하나님과의 화해

(1:21-23)

I. 본문 개관

21-23절은 자신의 죽음을 통해 죄인과 화해를 이루시는 그리스도와 순전하게 살아야 하는 신자의 책임을 언급한다. 골로새 교회 성도들은 복음을 믿기 전에 악한 마음과 행실로 인하여 하나님과 적대 관계에 있었다. 죄인인 인간은 거룩하신 하나님의 영광스런 임재 앞에 설 수 없으며 하나님의 진노와 정의로운 심판을 피할 수 없다. 그러나 예수 그리스도께서는 죄인들과의 원수 관계를 화해 관계로 전환시키시기 위하여 자신의 몸을 화목제물로 하나님께 드리셨다(롬 5:10 참조). 그의 죽음을 통한 화해의 목적은 죄인들을 하나님 앞에 온전한 제물로 드리기 위함이다. 화해의 은혜를 받은 신자들은 완전한 자로 하나님 앞에 서기 위해 성실한 삶을 살아야 할 책임이 있다. 신자는 인내함으로 믿음을 지켜야 하며, 예수 그리스도의 기초(고전 3:11 참조) 위에 굳게 서야 하며, 복음이 주는 소망을 굳게 붙잡고 흔들리지 않아야 한다. 신자의 책임은 구원의

조건으로 요구되는 것이 아니라 은혜를 경험한 자의 당연한 응답이다. 바울은 자신의 정체성을 복음을 전하는 사역자로 규정한다.

II. 절별 주해

21절 _ 전에 악한 행실로 멀리 떠나 마음으로 원수가 되었던 너희를

바울은 그리스도를 통한 하나님의 우주적 화해를 말하고 난 후 골로새 교회 성도들을 하나님 앞에 온전한 자로 세우시는 하나님의 화해의 역사를 이야기하고 있다. 먼저 그는 그리스도를 믿기 전에 골로새 교회 성도들이 어떠한 상태이었는지를 말한다. 그들은 멀리 떠나 있었는데 무엇으로 또는 누구로부터 떠나 있는지에 대해서는 본문이 분명히 말해주고 있지 않기 때문에 알기란 힘들다. 같은 동사가 사용된 에베소서 2:12에는 이방인들이 하나님의 백성인 이스라엘로부터 떠나 있는 내용이 나온다. 그래서 떠나 있다는 것은 이방인들이 하나님의 백성으로부터 분리되어 있어 하나님의 언약백성이 가지는 약속과 복들로부터 제외되어 있는 상태를 묘사하는 것이다. 물론 이런 구체적인 배경 속에서 그 의미를 알아 볼 수도 있지만 일반적으로 하나님으로부터 떠나 있는 것으로 해석할 수 도 있다. 만약 전치사구 "악한 행실 안에서"가 "멀리 떠나 있는"과 구문론적으로 연결되어 있다면 악한 행실로 인해 하나님으로부터 멀리 떨어져 있다고 해석할 수 있다. 왜냐하면 바울에 의하면 인간은 악한 행실로 인해 하나님께 다가 갈 수 없기 때문이다. 악한 행실은 하나님에 대한 무지로 인해 하나님을 거역하는 모든 행위들을 의미한다(롬 1:18-32 참조). 골로새서 3:5-9에 나오는 땅에 있는 지체들과 옛사람의 모습들이 악한 행실에 해당될 수 있을 것이다. 이와 같은 악한 행위들은 하나님과의 단절을 가져온다. 악한 행실로 죄를 지으면 하나님의 영광에 이를 수가 없다(롬 3:23). 죄를 지으면 하나님께 가까이 다가갈 수가 없고 하나님으로부터 점점 멀어질 수밖에 없는 것이다. 그리고 골로새 교회 성도들은 악한 행실로 인해 마음으로 하나님과 원수 관계에 있었다. 사람이 하나님이 창조주시고 인간이 하나님의 피조물이라는 사실을 알지 못하면 마음이 허망하여져서 하나님을 경외하지도 않고 창조주를 순종하지도 않게 된다(롬 1:21 참조). 하나님을 거역하고 악한 행위들을 일삼게 된다. 하나님은 죄와 불의에 대해서는 진노하시는 분이시므로 교만하여 하나님을 불순종하는 마음을 가진 사람들은(롬 1:18 참조) 하나님과 원수 관계에 놓이게 된다(롬 5:10 참조). 마음에 하나님 두기를 싫어하여(롬 1:28 참조) 악한 행실을 일삼는 자들은(롬 1:29-31 참조) 하나님의 원수가 되어 하나님의 진노를 피할 수 없게 된다(롬 1:18 참조).

22절 _ 이제는 그의 육체의 죽음으로 말미암아 화목하게 하사 너희를 거룩하고 흠 없고 책망할 것이 없는 자로 그 앞에 세우고자 하셨으니

바울은 골로새 교회 성도들을 위한 하나님의 화해의 역사에 대해 말하고 있다.

"그러나 이제는"('뉘니 데'[νυνὶ δέ])은 하나님의 구원 역사의 종말론적 전환을 표현한다(롬 3:21; 고전 15:20; 엡 2:13 참조). 개역개정에는 "그러나"가 없지만 원문에는 들어 있다. "그러나 이제는"는 하나님과 멀리 떨어져 있었고 원수였던 과거와 하나님께서 예수 그리스도를 통하여 화해의 역사를 이루시는 현재와 대조를 묘사한다. 22절의 동사 "화해하였다"('아포카텔라크센'[ἀποκατήλλαξεν])의 주어가 나와 있지 않는데 그리스도보다는 하나님으로 보는 것이 옳다. 왜냐하면 바울에 의하면 화해의 주체는 주로 하나님이기 때문이다(고후 5:19; 참조 롬 5:10). 하나님과 골로새 교회 성도들 사이의 화목은 그리스도의 죽음을 통해 성사된다(롬 5:10). 바울은 예수 그리스도의 죽음을 인간의 죄의 문제를 해결하는 희생제사로 해석한다. 이 화해는 그리스도의 육체적 몸 안에서 발생되는데 이 육체적 몸은 십자가 위에 달린 예수 그리스도의 찢기고 상한 몸을 지칭한다. 십자가 위에서 율법의 저주는 사라지고(갈 3:13) 죄와 육체의 무할례로 죽었던 이방인들의 죄는 용서되었다(골 2:13). 하나님께서는 화해를 방해하는 것들을(예: 죄, 무할례, 율법의 조문들)을 제거하시고(골 2:13-15 참조) 골로새 교회 성도들과 화해하셨다. 하나님의 화해의 역사의 목적은 골로새 교회 성도들을 거룩하고 흠 없고 책망할 것이 없는 자들로 하나님 앞에 세우는 것이다. "거룩"은 하나님께 성별되어 있는 상태를 의미한다. "흠 없는"은 구약에 육체적으로 완벽한 희생동물의 상태를 묘사할 때 사용된 용어이며(출 29:1; 레 1:3; 신 6:14) 하나님 앞에서 완전한 삶을 표현하는 은유로 사용되었다(삼하 22:24; 시 15:2). 이 용례는 신약에서도 발견된다(엡 5:27; 빌 2:15; 유 24; 히 9:14; 벧전 1:19; 계 14:5). "책망할 것이 없는"은 법정에서 아무런 고소나 비난을 받지 않는 상태를 묘사한다. 예수 그리스도가 제사장이 되셔서 하나님 앞에 죄인인 인간들을 순전한 제물로 올려드리시기 위해 십자가에서 돌아가신 것이다(고후 5:21;

참조 히 10:10-24). 인간은 마지막 날에 하나님의 법정에서 하나님 앞에 서게 된다(롬 14:10; 고후 5:10). 신자는 그리스도의 육체적 죽음을 통해 의롭게 되어 하나님과 화목한 관계를 가지게 되었다. 하나님께서 우리와 화해하셔서 하나님과 원수였던 우리들을 하나님의 친구로 삼으셨다(참조 약 2:23). 하나님께서 신자들을 그리스도를 통해 의롭게 하시고(롬 5:9; 18-19) 성령을 통해 거룩하게 하셨다(고전 6:11). 그러므로 그리스도인은 하나님 앞에서 "거룩하고 흠 없고 책망할 것이 없는 자"로 설 것이다(엡 5:25-27 참조). 그리고 하나님과 가까이에서 하나님의 영광을 누리며 살아갈 것이다.

23절_만일 너희가 믿음에 거하고 터 위에 굳게 서서 너희 들은 바 복음의 소망에서 흔들리지 아니하면 그리하리라 이 복음은 천하 만민에게 전파된 바요 나 바울은 이 복음의 일꾼이 되었노라

바울은 골로새 교회 성도들이 하나님 앞에 "거룩하고 흠 없고 책망할 것이 없는 자"로 설 수 있는 상태에 대해 말하고 있다. 그것은 믿음에 확고하게 머무는 것이다. "그 믿음"은 바울이 전한 복음에 대한 믿음을 의미한다. 믿음에 머무는 것은 바울의 복음에 대한 믿음을 붙들고 끝까지 유지하는 것을 뜻한다. 바울은 골로새 교회 성도들이 그가 그들에게 전한 복음을 확실히 붙잡고 유지하기를 권고하고 있다. 그렇게 할 수 있는 방법 세 가지가 나와 있다. 첫째는 터 위에 굳게 서는 것이다. 비유적으로 집이 견고한 터 위에 서 있을 때 무너지지 않는 것처럼(마 7:25 참조) 믿음의 터 위에서 있을 때 쓰러지지 않는 다는 것이다. 두 번째는 견고하게 믿음에 머무는 것이다. 외부의 충격에 의해 허물어지지 않도록 튼튼하게 유지하는 것을 의미한다. 세 번째는 복음의 소망에서 흔들리지 않는 것이다. "복음의 소망"은 복음이 가지고 있는 소망 또는 복음이 주는 소망으로 해석할 수 있다. 골로새서 안에서는 소망은 "하늘에 쌓아둔 소망"(골 1:5)과 "영광의 소망"(골 1:27)에 관한 것이다. 복음은 하늘나라와 하나님의 영광에 대한 소망을 갖게 만든다. 또한 복음은 부활, 영생, 의와 같은 하나님의 구원의 축복들에 대한 소망을 안겨준다. 이 복음은 하늘 아래 있는 모든 피조물들에게 선포되었다는 과장된 표현을 바울은 하고 있다. 하늘 아래에 있는 모든 사람에게 복음이 전파되었다는 의미는 아니다. 하나님의 화해의 대상은 땅에 있는 모든 것들이므로 하늘 아래에 있는 모든 피조물 안에 선포되었다고 말하는 것이다. 복음은 하늘 아래에 있는 모든 창조물에게 선포되어 전 세계에 영향을 끼치는 파급효력을 가지고 있다는 것이다. 죄인이 하나님과 화해하게 되고 피조물들도 하나님과 화목하게 되어 피조물 본연의 모습을 회복할 수 있는 것이다. 복음이 선포되어야 할 영역은 전 세계적이며 복음의 영향력의 범위는 전 우주적이라 할 수 있다. 바울은 이러한 복음의 일꾼이 되었다고 말한다. 복음을 선포하고 복음을 믿는 사람들을 목회하고 복음의 능력을 실현시키는 일을 하는 일꾼이 바울의 정체성이다.

III. 메시지와 적용

거룩하고 흠 없고 책망할 것이 없는 자로 하나님 앞에 서야 한다.

그리스도인은 예수 그리스도를 통하여 하나님과 화해를 이루었다. 하나님과 평화를 이루었으므로 하나님 앞에 거룩하고 흠 없고 책망할 것이 없는 자로 설 수 있게 되었다. 종말론적으로 이러한 신자의 상태는 이미 시작은 되었지만 완성된 단계는 아니다. 예수 그리스도를 통하여 구원을 받았으므로 하나님과의 관계에서 아무렇게나 살아도 된다는 것은 아니다. 하나님과의 화해를 통해 하나님 앞에 순전하고 거룩하게 드려지는 역사를 실존적으로 경험하기 위해서는 신자의 책임이 요청된다. 그 책임의 내용은 복음을 통해 가진 믿음을 인내를 가지고 지켜야 하며, 예수 그리스도의 기초(고전 3:11 참조) 위에 굳게 서야하며, 그리고 복음이 주는 소망을 굳게 붙잡고 흔들리지 않아야 하는 것이다. 그리스도인은 하나님 앞에 거룩하고 흠 없고 책망 받을 일이 없는 자로 살아야 한다. 바울은 로마서 12:1에서 그리스도인은 자신의 삶을 하나님이 기뻐하시는 거룩한 산 제물로 드려야 한다고 말한다. 바울은 하나님의 복음의 제사장으로서 이방인들을 하나님께 순전한 제물로 드리는 것을 그의 사명으로 여겼다(롬 15:16 참조). 하나님은 거룩하고 정성된 제사를 기뻐 흠향하신다. 구약시대에 이스라엘 사람들이 그들의 믿음, 정성, 예배를 하나님께 드리는 수단으로서 제사를 드렸다. 그들은 그들을 대신하여 동물들을 하나님께 바침으로 하나님을 향한 그들의 믿음과 헌신을 표현하였다. 그런데 바울사도는 우리 자신의 몸을 하나님께 하나님이 기뻐하시는 거룩한 산 제물로 드려야 한다고 말씀하신다. 신자는 죄와 세상으로부터 구별된 거룩한 삶으로 하나님이 기뻐 받으실 만한 제사를 드려야 한다. 우리자신의 몸을 하나님께 하나님이 기뻐하시는 거룩한 산 제물로 드린다는 것은 우리의 전 삶, 가정생활, 직장생활, 취미생활, 재산, 재능 등 우리의 존재 전체를 하나님께 드린다는 것을 의미한다. 온전하고, 살아있고, 거룩하고, 하나님께서 기뻐하시는 삶으로 하나님께 예배를 드리는 것이 신자의 예배가 되어야 한다. 하나님의 구원의 은혜를 체험한 영적인 신자들이 자신의 존재와 삶을 제물로 삼아 하나님께서 받으시기에 합당한 영적인 예배를 날마다 올려 드려야 한다. 우리의 힘과 마음과 뜻과 정성과 소유를 다하여 하나님을 예배하며 하나님께 헌신해야 한다. 우리는 우리가 가진 모든 것을 바쳐 하나님을 사랑하고 그분을 경배해야한다. 그러한 실천으로서 우리는 하나님께 예배와 찬송을 드리고 헌물을 드려야한다.

6.
복음을 위한 바울의 헌신적 사역

(1:24-2:5)

I. 본문 개관

24-29절은 하나님의 비밀, 즉 복음을 위한 바울의 헌신적 사역을 이야기한다. 복음의 일꾼인 바울은 골로새 교회 성도들을 위하여 받는 고난을 기쁘게 받아들인다. 성도의 고난에 동참하여 그들의 고난을 줄여주는 것을 바울은 기뻐했다. 바울은 성도들의 유익을 위해 자기희생을 감수했다(고전 9장 참조). 그는 그리스도의 남은 고난을 자발적으로 그리고 적극적으로 감당하려 최선을 다했다. 그는 복음전파 사역과 목회사역을 위해 엄청난 고난을 경험했다(고후 4:8-11; 6:4-5; 11:23-27 참조). 성도가 하나님의 나라에 들어가는 과정에 고난을 받는 것은 이상한 일이 아니다(행 14:22). 예수 그리스도와 함께 영광을 받기 위해서는 함께 고난을 받아야한다(롬 8:17). 교회의 일꾼 된 바울은 하나님이 사역자로 부르셨고 하나님으로부터 받은 위임의 목적은 하나님의 말씀을 알리는 것이다. 그는 오랜 기간 동안 알려지지 않았지만 성도들에게 나타난 하나님의 구원역

사에 대한 복음의 비밀을 말한다. 하나님께서는 바울을 통하여 이 비밀의 영광의 풍성함을 이방인에게 알게 하셨다. 그 비밀의 내용은 예수 그리스도 이시며(골 1:27; 2:2) 그분은 영광의 소망이다. 바울의 말씀사역의 목적은 각 사람을 그리스도 안에서 완전한 자로 세우는 것이다. 그는 성도를 영적으로 순전하게 하는 사역에 최선을 다했다. 오늘날 성도들은 하나님의 비밀인 그리스도의 복음을 믿어 그 소중함과 능력을 알게 되었다. 그러므로 우리는 복음을 전파하고 전도된 사람들을 말씀으로 양육하여 그들을 하나님 앞에 거룩하고 흠 없고 책망할 것이 없는 순전한 자들로 세우는데 최선을 다하는 말씀사역자가 되어야 한다.

1-5절은 교회를 위한 바울의 노고에 대해 이야기하고 있다. 바울은 앞에서 하나님의 비밀과 복음을 위한 자신의 헌신적 사역을 말한 후 골로새 교회와 그 주변의 성도들을 위한 자신의 수고를 골로새 교회 성도들이 알아주기를 바란다. 바울은 그들이 골로새 교회로 들어온 거짓 가르침에 현혹되지 않게 하기 위하여 엄청난 수고를 하고 있다. 그 노고의 목적은 성도들이 마음에 힘을 얻어 사랑 안에서 연합하여 원만한 이해의 모든 부요에 이르러 하나님의 비밀인 그리스도를 깨닫게 하기 위함이다. 바울은 그들이 그리스도를 온전히 이해하고 그리스도 안에 굳게 설 때 거짓된 가르침을 따르지 않을 것이라 믿는다. 그는 그리스도 안에 지혜와 지식의 모든 보화가 숨겨져 있고 그것들이 성도들에게 나타났음을 가르침으로써 이단적 가르침에 설득되지 말 것을 권면한다. 바울은 그럴싸한 말로 골로새 교회 성도들을 미혹하는 거짓 교사(들)의 가르침에 그들이 속아 넘어가지 않게 하기 위하여 그리스도를 올바로 깨달

을 것을 권고한다. 바울은 몸은 떠나 있지만 심령으로는 골로새 교회 성도들과 함께 있어서 그들이 바울의 가르침을 따르고 그리스도를 믿는 그들의 믿음이 확고할 것을 진정으로 기대한다.

II. 절별 해설

24절 _ 나는 이제 너희를 위하여 받는 괴로움을 기뻐하고 그리스도의 남은 고난을 그의 몸된 교회를 위하여 내 육체에 채우노라

바울은 교회를 위한 고난에 대한 자신의 자세를 이야기한다. 바울은 골로새 교회 성도들을 위하여 받는 고난을 현재 기뻐하고 있다. "이제"는 바울이 감옥에서 괴로움을 겪고 있는 현재를 말한다. 바울이 세우지도 않았고 목회하지도 않은 골로새 교회를 위한 고난이 무엇인지 정확히 알 수는 없지만 아마도 교회를 위해 겪는 일반적인 고난을 의미하는 것 같다. 바울은 복음과 교회를 위한 고난의 사도였으며 성도들과 동고하며 동병상련하는 희생의 목회자였다. 그는 고난을 기뻐하고 자랑하였다(고후 7:4; 롬 5:3). 그는 육체적 질병으로 인한 연약함을 자랑하였는데 그 이유는 약할 때 그리스도의 능력으로 강건해지기 때문이다(고후 12:7-10 참조). 나아가서 바울은 "그리스도의 남은 고난을 그의 몸된 교회를 위하여 내 육체에 채우노라"고 말한다. 이것은 문자적으로 번역하면 "그리스도의 고난의 남은 것을 그의 몸 즉 교회를 위하여 내 육체에 채웁니다"이다. 이 말의 의미가 무엇인지에 대해서 많은 해석들이 있었고 아직도 논란 중이다(McKnight, *Colossians*, 187-191). "그리스도의 고난"('트립시스 투 크리스투'[θλῖψις τοῦ Χριστοῦ])의 속격 '크리스투'를 어떻게 해석하는가가 중요하다. 주어적 속격으로 해석하면 그리스도가 경험하신 고난을 의미한다. 그런데 형용적 속격으로 해석하면 그리스도께서 겪으신 고난과 같은 고난을 의미한다. 여기서 그리스도가 경험하신 고난이 십자가의 수난을 포함하지만 그것에 한정되는 것은 아니다. 만약 그것에다 한정하면 그리스도의 고난의 부족한 부분은 그분의 고난이 부적절하거나 불충분하다는 의미를 내포하는 것이다. 구원을 위한 그리스도의 고난과 죽음은 완벽하고 충분하다. "그리스도의 고난의 남은 것"에 대한 여러 해석들이 있지만 그리스도의 고난과 같은 고난의 남은 것으로 이해하는 것이 옳은 것 같다. 복음서에 나와 있는 것처럼 그리스도께서는 유대인 종교 지도자들과 로마 군인으로부터 조롱과 멸시를 당하셨다. 로마 군인으로부터 채찍도 맞으시고 십자가에 못 박혀 죽으셨다. 그리스도께서 겪었던 고난과 유사한 고난을 바울은 자발적으로 그리고 적극적으로 자신의 몸에 채운다고 말한다. 이 말은 바울이 예수 그리스도의 고난에 참여한다는 것과(빌 3:10) 유사하다. 또한 이것은 예수의 죽음을 몸에 짊어지는 것과 비슷하다(고후 4:10-11: "우리가 항상 예수의 죽음을 몸에 짊어짐은 예수의 생명이 또한 우리 몸에 나타나게 하려 함이라. 우리 살아 있는 자가 항상 예수를 위하여 죽음에 넘겨짐은 예수의 생명이 또한 우리 죽을 육체에 나타나게 하려 함이라"). 바울은 자신이 겪은 고난을 다음과 같이 기록한다: "유대인들에게 사십에 하나 감한 매를 다섯 번 맞았으며 세 번 태장으로 맞고 한 번 돌로 맞고 세 번 파선하는데 일주야를 깊음에서 지냈으며 여러 번 여행에 강의 위험과 강도의 위험과 동족의 위험과 이방인의 위험과 시내의 위험과 광야의 위험과 바다의 위험과 거짓 형제 중의 위험을 당하고 또 수고하며 애쓰고 여러 번 자지 못하고 주리며 목마르고 여러 번 굶고 춥고 헐벗었노라"(고후 11:24-27). 바울은 예수 그리스도의 몸인 교회를 위하여 이러한 고난을 겪었다고 말한다. 골로새서 1:18과 같이 교회는 예수 그리스도의 몸으로 비유된다. 교회는 지역 교회(local church)를 넘어 보편적인 교회(universal church)로 나타난다. 바울은 고난의 사도로서 그리스도의 몸인 교회를 위하여 어떤 고난도 망설이지 않고 달게 겪으며 기뻐한 사역자이다.

25절 _ 내가 교회의 일꾼 된 것은 하나님이 너희를 위하여 내게 주신 직분을 따라 하나님의 말씀을 이루려 함이니라

바울은 자신을 보편적인 교회의 일꾼(servant)으로 생각한다. 사도가 아니라 섬기는 일꾼으로 자신을 이해한 것이 놀랍다. 비록 그는 권위를 가진 사도이지만 교회를 섬기는 일에 최선을 다한 목회자였다. 심지어 그는 사람들을 그리스도인으로 만들기 위해서라면 모든 사람들에게 종이 되는 것을 마다하지 않았다(고전 9:19). 바울이 교회의 일꾼이 된 것은 하나님께서 그에게 주신 하나님의 경륜에 의한 것이었다. 개역개정에서 "직분"으로 번역된 원문 '오이코노미아'를 "위임"(commission)으로 번역하는 것이 더 원어의 의미에 가까워 보인다. 하나님의 위임은 바울을 이방인의 사도로 세워 복음을 전하게 하는 것이다. 바울은 하나님께서 자신을 이방인에게 그리스도를 전하는 사역자로 부르셨다는 사실을 확신했다(갈 1:15-16). 바울을 그의 어머니의 모태로부터 구별하시고 부르시고 그에게 하나

님의 아들을 계시하신 것이 하나님의 '오이코노미아'라고 할 수 있을 것이다. 하나님께서 바울을 부르시고 복음을 전파하게 하신 것은 골로새 교회 성도들을 위한 것이었다. 그가 교회의 일꾼이 된 목적은 "하나님의 말씀"을 완성하는 것이다. 바울은 "하나님의 말씀"(고전 14:36; 고후 2:17; 4:2), "주님의 말씀"(살전 1:8), "십자가의 말씀"(고전 1:18), 그리고 "화해의 말씀"(고후 5:19) 같은 표현을 사용하고 있다. 바울이 완전히 채우려는 "하나님의 말씀"은 그리스도를 통한 하나님의 구원에 대한 말씀이라고 볼 수 있다. 하나님의 말씀은 복음을 의미하는데 골로새서에서는 그리스도에 관한 복음을 가리킨다. 구체적으로는 그리스도가 "비밀"이라는 점이 하나님의 말씀이다. 하나님의 말씀을 완성하는 것은 하나님의 말씀이 온 세상에 편만하게 전파되어 그 말씀이 실현되는 것을 의미한다. 복음의 능력이 실제적으로 구현되는 것이라고 볼 수 있다. 그것은 복음을 전파하여 하나님을 믿는 자들을 만들어 교회를 세우고 그들을 양육하여 완전한 자들로 하나님께 드리는 것을 포함한다.

26절 _ 이 비밀은 만세와 만대로부터 감추어졌던 것인데 이제는 그의 성도들에게 나타났고

바울은 하나님의 말씀을 "비밀"('뮈스테리온'[μυστήριον])로 이해한다. "비밀"이라는 단어는 주로 골로새서와 에베소서에 나온다(골 1:27; 2:2; 4:3; 엡 1:9; 3:3, 9; 6:19). '뮈스테리온'의 배경에 대해 학자들이 논쟁을 해왔는데 근래 대다수의 학자들은 바울이 그레코로마의 신비주의 보다는 유대주의에 그 배경을 두고 있다고 생각한다. 바울은 다니엘서와 쿰란문헌에서 사용된 "비밀"이라는 용어를 차용하여 그 안에 자신이 말하려고 한 그리스도의 비밀을 담았다고 볼 수 있다. 바울이 말하는 비밀은 그리스도이다(1:27). 그리스도의 사건(the Christ-event) 안에 응축되어 있는 하나님의 구원 계획과 구원역사가 비밀의 내용이다. 이 비밀은 만세와 만대로부터 감추어져 있었다. 이것은 영원히 드러나지도 않았고 어느 누구에게도 알려지지 않았다. 고대의 신비 종교들에 의하면 비밀은 은밀하고 신비로운 것이며 소수의 사람들에게만 알려진 것이다. 그러나 바울이 말하는 신비는 오랫동안 감추어져 있었던 비밀이 공개되었으며 하나님의 성도들 모두에게 드러난 것이다. "그러나 이제는"는 앞에서 언급한 바와 같이 역사적인 전기를 이루는 마지막 때를 의미한다. 하나님께서 그리스도를 계시하시기 전에는 이 비밀이 감추어져 있었는데 하나님께서 그것을 드러내신 때에 하나님의 성도들에게 나타났다. "그의 성도들"은 하나님께 속한 성도들을 의미한다. 앞에서 지적한대로 하나님께서 이스라엘 민족을 거룩한 하나님의 백성으로 삼으신 것처럼 이방인 그리스도인들을 하나님의 거룩한 백성으로 만드셨기 때문에 그들이 하나님의 거룩한 백성들이 된 것이다. 하나님께서 예수 그리스도를 통하여 이 비밀을 드러내셨을 때 성도들은 비로소 그것에 대해 알게 된 것이다. 바울은 그리스도의 계시를 통하여 이 비밀을 알게 되었다(갈 1:11-12). 바울의 복음 전파를 통해 성도들에게도 이 비밀이 알려졌다. 이 비밀은 모든 사람들이 아니라 하나님의 성도들에게만 나타난다. 모든 사람이 아니라 하나님께서 택한 거룩한 백성들만 그 비밀을 알 수 있는 것이다. 그리스도를 믿고 성령을 체험한 자들만 이 비밀을 이해할 수 있고 믿을 수 있는 것이다.

27절 _ 하나님이 그들로 하여금 이 비밀의 영광이 이방인 가운데 얼마나 풍성한지를 알게 하려 하심이라 이 비밀은 너희 안에 계신 그리스도시니 곧 영광의 소망이니라

하나님께서는 이 비밀의 영광의 풍성함이 어떠한가를 하나님의 성도들에게 알리시기를 원하셨다. 하나님께서 원하시기 때문에 이 비밀이 성도들에게 알려졌다. 성도들이 알아야 할 비밀의 내용은 그리스도 이다. 성도들 안에 거하시는 그리스도가 바로 비밀이다. 그리스도는 성도들 안에 성령을 통하여 내주하신다(갈 2:20 참조). 골로새서 1:15-20에 나오는 예수 그리스도에 관한 말씀이 이 비밀의 내용이라 할 수 있다. 하나님께서는 이방인들 가운데서 이 비밀의 풍성함이 얼마나 큰지를 성도들에게 알리셨는데 그것은 이방인들에게도 이 비밀이 알려졌고 그 비밀의 풍성함을 누릴 수 있게 되었음을 시사한다. 그리스도를 통하여 이방인을 하나님의 종말의 백성으로 삼으시는 것이 이 비밀의 내용 중 하나이다(롬 16:25-26; 엡 3:3-6 참조). 이 비밀은 영광스러운 것인데 그 이유는 영광스러운 하나님께서 나타내셨고 하나님의 영광이 이 비밀을 통하여 드러났기 때문이다. 이 비밀이 예수 그리스도이므로 비밀의 풍성함은 그리스도의 풍성함으로 이해할 수 있을 것이다. 바울은 에베소서 3:8에서 "그리스도의 측량할 수 없는 풍성함"이라는 표현을 사용하고 있는데, 둘은 유사한 개념이라고 볼 수 있다. 비밀의 풍성함은 그리스도 안에서와 그리스도를 통해 주어진 구원의 축복들과 유익들을 포함한다(엡 1:3-14 참조). 성도들은 그리스도의 풍성함을 얻게 되어 가난하였는데 부유하게 된 것이다(고후 8:9 참조). 그리고 그리스도는 성도가 바라야 할 영광스런 소망이다. 소망의 내용이 바로 그리스도인 것이다. 그리스도와 같이 부활하여 그 분과 영원히 거하는 것이 성도의 소망이다.

28절 _ 우리가 그를 전파하여 각 사람을 권하고 모든 지혜로 각 사람을 가르침은 각 사람을 그리스도 안에서 완전한 자로 세우려 함이니

디모데와 에바브라와 함께 바울은 비밀인 그리스도를 선포했다. 그들의 선포를 통해 비밀인 그리스도가 알려지게 된 것이다. 바울은 그리스도를 전파하면서 모든 사람을 권하고 모든 지혜로 가르쳤다. 바울의 권고와 가르침의 대상에 어는 누구도 제외되지 않았다. 그는 그가 세운 교회 성도들을 꾸짖기도 하며 그가 가르친 대로 믿고 살아 갈 것을 훈계했다(갈라디아서 참조). 또한 그가 계시와 배움을 통해 습득한 모든 지혜를 동원하여 성도들을 가르쳤다. 그리스도의 계시를 통해 그리스도 안에 있는 지혜와 그리스도를 아는 지식을 가지고 성도들을 훈계했다. 이러한 사역의 목적은 각 사람을 그리스도 안에서 "완전한"('텔레이오스'[τέλειος]) 자로 하나님 앞에 드리기 위함이다. 사람을 완전한 제물로 드린다는 사상의 구약 배경은 순전한 유월절 양(출 12:5)과 완전한 노아(창 6:9) 이다. 각 사람은 이방인과 유대인을 다 포함하지만 특히 이방인을 더 염두하고 있는 듯하다. 위에서 지적한 바와 같이 바울은 자신을 하나님의 복음의 제사장으로 이해하여 사람들 특히 이방인들을 하나님이 받으시기에 합당한 제물로 드리는 것을 그의 사명으로 여겼다

(롬 15:16 참조). 따라서 완전함은 성숙함을 정확하게 의미하지 않는다. 완전한 자로 설 수 있는 영역은 그리스도이다. 그리스도 안에서 성화되어 종말에 순전하게 될 수 있다. 22절에 나와 있는 것처럼 예수 그리스도의 화해사역을 통해 신자는 하나님 앞에 거룩하고 흠 없는 자로 서게 될 것이다. 그러나 아직 완전한 거룩은 이루어지지 않았다. 하나님의 말씀을 듣고 배우는 궁극적 목적은 완전함이다. 그러므로 성도들은 완전을 향하여 계속 성장해야 하며 그리스도의 형상을 이루기까지 나아가야 한다.

29절 _ 이를 위하여 나도 내 속에서 능력으로 역사하시는 이의 역사를 따라 힘을 다하여 수고하노라

바울은 각 사람을 완전한 제물로 하나님께 드리는 사역을 위해 엄청나게 수고한 일꾼이었다. "이를"은 모든 사람을 완전하게 바치는 것을 가리킨다. 바울은 이 목적을 위해 경기장에서 고투하는 선수처럼 전력투구한 사역자였다(고전 9:26 참조). 교회를 위하여 고생을 마다하지 않았다(골 1:24). 그러나 이 사역은 자신의 노력만으로 완성되는 것은 아니었다. 바울은 그의 영과 마음 가운데 강력하게 역사하는 그리스도의 신적인 능력을 공급받아 매진하였다. "내 속에서 능력으로 역사하시는 이의 역사를 따라" 개역개정 번역을 "내 안에 능력으로 역사하는 그의 힘을 따라"로 번역하는 것이 원문에 가깝다. "그의 힘"은 그리스도의 힘을 지칭한다. "내 안에" 그리스도의 사도요 교회의 일꾼인 바울의 삶의 자리를 의미한다. 바울은 자신의 영과 마음에 그리스도의 힘이 역사하고 있음을 믿었

다. 바울에게 주어지는 능력은 그리스도께서 주시는 능력이다. 그리스도의 힘은 그리스도의 신적인 능력을 의미한다. 그래서 바울은 자기에게 능력주시는 자 안에서 내가 모든 것을 할 수 있다고 고백한다(빌 4:13). 그리스도께서 공급하시는 힘을 가지고 바울은 고난을 견디며 목회할 수 있었던 것이다. 성공적인 목회사역은 그리스도의 능력주심과 인간의 수고가 병행 할 때 가능하다.

2장 1절 _ 내가 너희와 라오디게아에 있는 자들과 무릇 내 육신의 얼굴을 보지 못한 자들을 위하여 얼마나 힘쓰는지를 너희가 알기를 원하노니

바울은 골로새 교회 성도들이 그들과 라오디게아에 있는 성도들과 바울의 얼굴을 보지 못한 성도들을 위한 자신의 노고를 알아주기를 원하였다. 바울은 자신과 그의 동역자가 세운 교회를 위해 열심히 사역하였으며 노심초사하였다(고후 11:28-29 참조). 그는 자신이 아니라 에바브라가 사역한(골 4:13) 골로새 교회와 골로새로부터 약 18킬로미터 떨어져 있는 라오디게아에 있는 성도들을 위해서도 고군분투하였다. 자신이 직접 전도하지도 않았고 자신의 얼굴을 직접 보지 못해 개인적 친분이 없는 자들의 신앙 성숙을 위하여 최선의 노력을 다하였다. 바울은 그들이 이 사실을 알아주기를 원했는데(고후 1:8 참조), 자랑하기 위함이 아니라 그들을 동고동락하는 마음으로 사랑하는 자신을 이해하여 그의 교훈을 따라 줄 것을 바라는 마음으로 말한 것이다.

2절 _ 이는 그들로 마음에 위안을 받고 사랑 안에서 연합하여 확실한 이해의 모든 풍성함과 하나님의 비밀인 그리스도를 깨닫게 하려 함이니)

바울은 라오디게아에 있는 성도들과 바울의 얼굴을 보지 못한 성도들을 위한 자신의 노고를 골로새 교회 성도들이 알아주기를 원하는 목적은 그들의 마음이 위안을 받고 사랑 안에서 연합되는 것이다. "마음"으로 번역된 "심장"('카르디아'[καρδία])은 인간의 육체적, 영적, 정신적 삶의 자리를 비유적으로 일컫는 말이다. 무엇에 의해서 그들의 마음이 위안을 받는 지는 정확히 알 수는 없지만 골로새서 2:1의 문맥으로 보아 바울의 목회사역일 것으로 판단된다. 사랑은 성도 간의 연합의 끈이다(골 3:14). "연합하여"는 서로 유기적으로 끈끈하게 연결되었음을 의미한다(엡 4:16 참조). 또한 바울이 성도들을 위하여 열심히 사역하는 목적은 그들이 이해의 확신의 풍성함을 가지는 것이며 또한 하나님의 비밀인 그리스도를 깨닫는 것이다. 개역개정 번역인 "확실한 이해의 모든 풍성함"을 "이해로 인한 확신의 모든 풍성함"으로 번역 하는 것이 옳은 번역인 것 같다. 그들이 하나님의 비밀인 그리스도와 복음에 대한 이해의 결과로서의 확신이 가져다주는 풍성함을 가지도록 만드는 것이 바울의 사역의 목적 중 하나이다. "풍성함"은 앞에서 말한 비밀의 영광의 풍성함과 연관되어 있는데 그리스도를 통한 하나님의 구원의 축복들을 의미하는 것 같다. 바울의 말씀 사역의 또 다른 목적은 그들이 하나님의 비밀 즉 그리스도를 아는 지식을 가지도록 하는 것이다. 하나님의 비밀은 그리스도이라는 말은 나중에 바울이 밝힌 바와 같이 하나님께서 이방인들을 그리스도를 통하여 하나님의 백성으로 삼으셨다는 것을 의미한다. 그리스도 안에 그리스도를 통해 하나님의 구원의 계획이 드러났음을 의미한다. 바울은 성도들에게 하나님의 비밀인 그리스도를 가르쳐서 그들이 그것을 온전히 이해하게 만들어 그 비밀의 풍성함을 누릴 수 있도록 노력하였다. 그리고 그들이 하나님의 비밀인 그리스도를 깨닫게 만들어서 잘못된 가르침에 빠지지 않도록 하는데 최선을 다하였다.

3절 _ 그 안에는 지혜와 지식의 모든 보화가 감추어져 있느니라

바울은 그리스도에 대한 확실한 이해를 돕기 위하여 그리스도 안에 지혜와 지식의 모든 보화가 숨겨져 있다고 말한다. 하나님께서 "그리스도 안"에서 구원의 역사를 행하셨고 구원의 다양한 축복들을 허락하셨기 때문에 그리스도를 깨닫는 것이 지혜와 지식의 원천이요 근본이다. 바울에게는 그리스도가 하나님의 지혜이며(고전 1:30; 골 1:15-20 참조) 그리스도를 아는 지식이 전부이다(빌 3:7-8). 그리스도께서 하나님의 형상으로서 하나님을 나타내셨고 하나님의 충만 즉 신성이 그리스도 안에 존재한다(골 2:9). 그리스도가 성육신 하셔서 하나님의 신성을 보이시고 하나님의 형상으로서 하나님을 나타내신 분이시므로 그분 안에 지혜와 지식이 담겨져 있다. 하나님의 비밀인 그리스도를 이해하면 지혜와 지식을 가지게 된다는 것을 의미한다. 아마도 바울은 구약성경의 지혜 전통에 근거하여 하나님을 알고 경외하는 것이 지혜와 지식의 근본인 것과 같이 하나님의 형상인 예수 그리스도를 아는 것이 지혜와 지식의 근본이라고 말하는 것 같다. 지혜와 지식의 모든 보화가 그리스도 안에 감추어져 있기 때문에 그 모든 보화를 가지가 위해서는 그리스도를 충분히 아는 것이 필요한 것이다. 골로새 교회 성도들은 지혜와 지식을 얻기 위해서 거짓 철학을 따르지 말고 그리스도를 알아야 한다는 바울의 암시적 권고가 담겨져 있다.

4절 _ 내가 이것을 말함은 아무도 교묘한 말로 너희를 속이지 못하게 하려 함이니

바울이 2:1-3("이것")을 말하는 목적은 지혜와 지식의 모든 보화의 보고인 그리스도를 온전히 깨달아 교묘한 말로 미혹하는 거짓 교사(들)의 가르침에 골로새 교회 성도들이 속아 넘어가지 않게 하기 위함이다. 바울은 처음으로 골로새 교회에 있는 바울의 대적자(들)를 언급한다. 그들의 가르침은 교묘한 말이며 헛된 속임수라고(골 2:8) 바울은 비판한다. 바울은 아무도 골로새 교회 성도들을 속이지 못하게 하기 위해 이 편지를 쓴 것이다. 서론에서 살펴본 바와 같이 골로새 교회에서 거짓 가르침을 전한 사람은 골로새 회당 출신의 유대인(들)이다. 그들의 교묘한 말은 골로새 교회 이방인 신자들이 유대교의 음식법, 절기법, 정결법을 준수해야 하며 금욕적인 삶을 살아야 한다는 가르침이다. 그들은 금욕적인 생활을 통해 천사가 주도하는 예배에 참여하는 신비적 경험을 할 수 있다는 매력적인 말로 골로새 교회 성도들을 현혹시켰을 것이다. 바울은 그들이 거짓 교사들의 교묘한 가르침에 속아 넘어가지 말라고 권고하고 있다.

5절 _ 이는 내가 육신으로는 떠나 있으나 심령으로는 너희와 함께 있어 너희가 질서 있게 행함과 그리스도를 믿는 너희 믿음이 굳건한 것을 기쁘게 봄이라

바울은 골로새 교회 성도들을 직접 만나보고 싶었지만 감옥에 있기 때문에 가지 못하고 편지를 보내어 육신으로나 떠나 있지만 심령으로는 그들과 함께 있다고 말한다. 바울은 고린도전서 5:3-4에서 다음과 같이 말한다: "내가 실로 몸으로는 떠나 있으나 영으로는 함께 있어서 거기 있는 것 같이 이런 일 행한 자를 이미 판단하였노라. 주 예수의 이름으로 너희가 내 영과 함께 모여서 우리 주 예수의 능력으로". 육신으로는 떠나 있다는 것은 바울이 영어의 몸이 되었기 때문에 골로새 교회 성도들과 몸소 함께 할 수 없는 상태를 말하는 것이다. 그러나 바울은 심령으로는 그들과 함께 있다고 말하는데 그 명확한 의미를 알기는 어렵다. 바울의 "영"('프뉴마'[πνεῦμα])이 어떤 형태로 함께 하는지 정확하게 알아내기는 힘들다. 하지만 바울은 편지를 통해 그들과 함께 있다고 생각했을 가능성이 있다. 바울의 서신이 수신자들과 마음으로 함께하는 "사도적 임재"(apostolic presence)의 표현 수단일 수 있다. 바울은 자신이 직접 눈으로 보고 기뻐하고 싶은 일은 그들의 흐트러짐 없는 정돈함과 그리스도를 믿는 믿음의 굳건함이다. 마치 사회의 전통적 규범과 질서를 따르는 것과 같이 골로새 교회 성도들이 그들이 믿은 바를 따라 살아가고 있음을 바울은 기뻐한다. 그리고 바울은 그들이 그리스도를 믿는 믿음으로 거짓 가르침에 대항해 공동전선을 형성하여 한발치도 움직이지 않는 임전무퇴의 확고한 전투자세를 가지고 있음을 기뻐한다. 그는 그들이 그리스도에 대한 올바른 믿음을 가지고 있다고 믿었으므로 거짓 교사(들)의 가르침에 넘어가지 않을 것이라고 확신했을 것이다.

III. 메시지와 적용

1. 그리스도와 복음을 위하여 고난을 받으라.

바울은 성도들을 위하여 여러 고난을 경험하였으며 그리스도께서 겪으신 고난과 같은 고난들을 경험하기를 원했다. 바울이 고난의 사도라는 사실은 고린도후서에 매우 잘 나타나 있다. 그리스도와 복음을 위하여 많은 고난을 경험했다(고후 1:3-11; 6:4-10; 11:23-29). "아시아에서 당한 환난"이(1:8) 너무 힘겨워서 살 소망까지 상실할 만큼 극도로 어려운 고난이었다. 그는 항상 십자가를 지는 삶을 살았다(4:10). 바울은 "내가 그리스도를 위하여 약한 것들과 능욕과 궁핍과 박해와 곤고를 기뻐하노니"(고후 12:10)라고 말한다. 고난에 대한 바울의 신앙과 삶을 통해 몇 가지 교훈을 발견할 수 있다. 1) 하나님은 환난 중에 있는 하나님의 백성들을 위로하시고(1:3-4) 도와주신다(1:10). 그러므로 환난에 처했을 때 자신을 의뢰하지 말고 하나님의 사랑과 능력을 의지해야 한다(1:9). 2) 바울은 자신의 고난과 그리스도의 고난을 동일시 여긴다. 그는 그리스도의 남은 고난을 자신의 육체에 채운다(골 1:24). 성도의 고난은 그리스도의 고난을 함께 나누는 것이다. 신자가 그리스도와 복음을 위하여 고난을 받을 때 그리스도의 고난에 동참하는 것이며 이것이 십자가를 지고 그리스도를 따라가는 제자의 삶이다. 3) 고난을 경험한 자는 고난을 겪는 성도들을 위로하고 기도해 주어야 한다(1:6, 7, 10).

4) 외적인 조건이 아니라 그리스도와 복음을 위하여 받는 고난을 자랑으로 삼아야한다(11:30). 그리스도의 십자가 외에는 자랑할 것이 없어야 한다(갈 6:14). 5) 고난 속에서 하나님의 위로와 구원을 의지하며 낙심하지 않아야 한다(4:1, 16). 하나님의 나라에 들어가는 과정에 고난을 받는 것은 이상한 일이 아니다(행 14:22). 예수 그리스도와 함께 영광을 받기 위해서는 함께 고난을 받아야한다(롬 8:17).

2. 완전하게 되는 것이 목회 사역의 최종 목표이다.

바울은 그리스도의 계시를 통해 지혜와 그리스도를 아는 지식을 가지고 성도들을 가르치고 권면하고 훈계했다. 그의 목회의 목적은 교인 한 사람 한 사람을 그리스도 안에서 "완전한"('텔레이오스') 자로 하나님 앞에 드리기 위함이다. 목회자들이 교인들을 하나님의 말씀으로 권면하고 가르치고 때로는 꾸짖는 목적이 무엇인가? 그것이 성도들이 하나님의 말씀을 잘 믿어 만들어 죽은 후 천국 가도록 하는 것만은 아닐 것이다. 목회자들의 중요한 일은 설교와 교육 그리고 권면이다. 이러한 사역의 최종 목표는 단순히 교인들로 하여금 하나님의 말씀을 듣고 배워 상한 심령이 위로와 용기를 얻도록 만드는 것도 아니며 교회봉사를 잘하도록 만드는 것도 아니다. 그 최종 목표는 성도들의 완전함이 되어야 한다. 디모데후서 3:15-17("또 어려서부터 성경을 알았나니 성경은 능히 너로 하여금 그리스도 예수 안에 있는 믿음으로 말미암아 구원에 이르는 지혜가 있게 하느니라. 모든 성경은 하나님의 감동으로 된 것으로 교훈과 책망과 바르게 함과 의로 교육하기에 유익하니 이는 하나님의 사람으로 온전하게 하며 모든 선한 일을 행할 능력을 갖추게 하려 함이라")에 의하면 성경은 구원에 이르는 지혜를 제공해주며 교훈과 책망과 바르게 함과 의로 교육하기에 유익하며 하나님의 사람으로 온전하게 하며 모든 선한 일을 행할 능력을 갖추게 만든다. 그러므로 목회자는 설교와 교육을 통해 성숙한 성도를 만들 수 있다. 그리스도 안에서 완전한 자를 세우는 것이 말씀사역과 교회 교육의 궁극적 목표가 되어야 한다.

7.
예수 그리스도 안의 삶

(2:6-15)

I. 본문 개관

골로새서 2:6-15은 예수 그리스도 안에서 골로새 교회 성도들이 살아야 할 삶을 이야기한다. 6-7절은 그리스도 예수 안에 굳게 서라는 바울의 권고를 담고 있다. 이 말씀은 바울이 골로새서에서 그들에게 권면하는 성도로서의 삶의 핵심이다. 바울은 골로새 교회 성도들이 에바브라를 통해 예수 그리스도께서 주님이라는 신앙 전승을 물려받았음을 상기시킨다. 하나님의 비밀인 그리스도 안에 지혜와 지식의 모든 보화가 숨겨져 있기 때문에 예수 그리스도를 자신의 주로 믿은 성도들은 그리스도 안에서 그분 중심으로 살아가라고 권고한다. 그들은 그리스도 안에 뿌리를 내렸으며 그리스도 위에 세워지고 있는 상태이자 그리스도가 그들의 성장의 원천이며 기초라고 말한다. 그들이 가르침을 받은 대로 그리스도를 믿는 믿음 위에 굳게 서서 거짓 가르침에 미혹되지 않아야 하며 이런 삶을 살아 하나님께 감사함을 넘치게 해야 한다고 권면한다.

8-15절 본문은 크게 세 단락으로 구성되어 있다. 첫째 단락인 8절은 거짓 가르침에 현혹되지 말라는 바울의 경고이다. 둘째 단락인 9-12절은 그리스도에 대한 신앙고백이다. 그리스도의 충만성과 십자가 위에서 이루신 그리스도의 업적에 대한 찬양이다. 그리스도 안에서 이루어진 구원의 사건을 말하고 있다. 셋째 단락인 13-15절은 그리스도의 구원사역을 이야기한다. 8절에서 바울은 골로새 교회 성도들을 미혹하는 거짓 가르침을 "철학" 그리고 "헛된 속임수"로 명명한다. 그리고 이 ́이단적 가르침은 하나님의 계시와 예수 그리스도의 가르침을 따른 것이 아니라 사람의 전통을 따른 것이며 세상의 기본적 종교원리 또는 하늘과 땅을 지배하는 영적 세력들에 근거하기 때문에 옳은 것이 아니라고 주장한다. 구원에 대한 그리스도의 필요충분성을 굳게 믿고 이러한 가르침에 현혹되지 말 것을 강하게 권고한다. 9-12절에서 바울은 예수 그리스도의 충만성이 이단적 가르침을 따르지 말아야 하는 이유임을 설명하고 있다. 예수 그리스도가 신성을 가지고 있으며 그의 신성이 육체로 나타났으며 성육신을 통하여 그리스도의 신성이 실재적으로 표현되었다는 것이다. 그리스도와 함께 장사되고 부활을 상징하는 세례를 통해 죄의 본성은 죽고 새로운 삶을 살게 된다. 이 역사는 부활을 가능하게 하시는 하나님을 믿는 믿음을 통해 체험된다. 13-15절에서 바울은 하나님의 구원에 대해 설명하고 있다. 하나님께서 죄와 육체의 무할례로 죽었던 이방인들을 그리스도와 함께 살리시고 죄를 용서하셨다. 하나님께서 그들을 정죄하고 소외시키는 율법 조문을 십자가에 못박음으로 제하시고 도말하셨다. 그리고 정사와 권세를 십자가를 통하여 정복하시고 승리하셨다.

II. 절별 해설

6절 _ 그러므로 너희가 그리스도 예수를 주로 받았으니 그 안에서 행하되

바울은 앞에서 예수 그리스도는 하나님의 형상이시요 교회의 머리이시며 하나님의 비밀 그 자체이며 그 안에 지혜와 지식의 모든 보화가 숨겨져 있다는 점을 강조했다. 그리고 그는 골로새 교회 성도들이 예수 그리스도에 대한 지식과 그리스도 예수를 주로 믿는 초기 기독교 전통을 물려받은 의미와 중요성 그리고 함의에 대한 충분한 지식과 이해가 부족하다는 사실을 알았다. 그래서 그들이 예수 그리스도를 "주"('큐리오스'[κύριος])라는 신앙 전승을 물려받았음을 상기시킨다. "받다"로 번역된 '파라람바노'(παραλαμβάνω)는 "전통을 물려받다"라는 의미다(고전 11:23; 15:1; 갈 1:9, 12; 살전 4:1, 2). 그들은 예수 그리스도께서 주님이라는 초기 기독교 신앙을 에바브로디도를 통해 받았을 것이다. 그 전통을 따라 그들은 예수 그리스도를 주로 인정하고 고백했을 것이다. 이 고백은 예수 그리스도를 하나님과 같은 주라고 고백하고(고전 8:6 참조) 그분 앞에 무릎을 꿇는 것을 의미한다(빌 2:10 참조). 바울은 예수 그리스도를 주라고 선포한다(고후 4:5). 그래서 바울은 이 믿음에 기초해서 그들에게 "그 안에서 행하라"고 권고한다. 대명사 "그"가 그리스도 예수 또는 주를 가리킬 수 있는데 "주"가 "그" 바로 앞에 나오기 때문에 "주"를 가리킨다고 볼 수 있다. 앞에서 본 바와 같이 "행하다"의 원뜻은 "걷다"이며 살아가는 행위를 비유적으로 묘사한다. 바울이 주 안에서 행하라는 말은 주님이 다스리시는 영역 안에서 살아가라는

것을 의미한다. 그리스도 예수를 주님으로 모셨으면 그분이 다스리시는 나라 안에서 하나님의 아들의 나라의 시민으로서 합당한 삶을 살아야 하는 것이다. 그리스도 예수의 통치를 받고 그분의 말씀을 순종하며 살아가야 한다는 것이다. 주님과 연합하여 그분 중심으로 살아가야 함을 시사한다. 골로새 교회 성도들의 믿음과 삶의 자리는 그리스도이지 헛된 "철학"이 아님을 암시한다.

7절_그 안에 뿌리를 박으며 세움을 받아 교훈을 받은 대로 믿음에 굳게 서서 감사함을 넘치게 하라

바울은 주님께서 통치하시는 영역 안에서 하나님의 아들의 나라의 시민으로서 합당하게 살아갈 수 있는 네 가지 근거를 말해주고 있다. 첫째는 주 안에서 뿌리를 박는 것이다. 바울은 원예의 비유를 사용하여 주님이신 예수 그리스도께서 신자의 생명과 성장의 원천이라고 말한다. 성장 동력인 예수 그리스도에 뿌리가 내려졌으므로 그리스도가 공급해 주시는 능력으로 많은 선한 열매를 맺게 될 것을 암시한다. 둘째는 주 안에서 세움을 받는 것이다. 바울은 건축의 비유를 사용하여 주님이신 예수 그리스도께서 신자의 성장의 장소라고 말한다. 만약 바울이 세움을 받는 것을 완전을 목표로 하는 영적성장으로 생각했다면 그리스도가 그 성장의 원천적인 장소가 바로 주 예수 그리스도라는 것이다. 셋째는 믿음에 굳게 서는 것이다. 믿음은 신자가 믿는 믿음의 내용을 가리킨다. 골로새 교회 성도들은 에바브로디도의 가르침을 통해 믿음을 가지게 되었다. 바울은 골로새 교회 성도들이 이 믿음 위에 확고해져서 거짓 교사

(들)의 헛된 속임수에 의해 넘어지지 말 것을 암시하고 있다. 넷째는 감사로 넘치는 것이다. 하나님께서 베푸신 구원의 은혜를 생각하며 하나님께 감사하는 삶을 살아야 한다는 것이다(골 1:12; 3:17).

8절 _ 누가 철학과 헛된 속임수로 너희를 사로잡을까 주의하라 이것은 사람의 전통과 세상의 초등학문을 따름이요 그리스도를 따름이 아니니라

바울은 골로새 교회 성도들에게 거짓 교사와 그의 가르침을 경계할 것을 권고한다. 바울은 누가 어떤 사람을 포로로 잡아 전리품으로 끌고 가는 것과 같이 거짓 교사가 골로새 교회 성도들을 포로로 사로잡으려고 하고 있다고 생각했다. 마치 방랑 철학자가 청중들을 화려한 수사로 꼼작 없이 그의 말을 따르도록 하는 것과 같이 거짓 교사가 그들을 교묘한 말로 속여 그의 가르침을 복종하도록 만들고 있다고 판단했다. 바울은 그들이 거짓 교사의 가르침을 무조건 따르는 노예가 되지 말 것을 경고하고 있다. 바울은 거짓 교사들의 가르침을 "철학"이라고 말하는데 위에서 지적한 대로 골로새 교회 성도들을 현혹하는 이단적 가르침을 지칭한다. 물론 철학이란 말은 모든 종류의 사상과 지혜를 일컫는 일반적인 말이지만 여기에서 금욕적이고 미신적인 성격을 지닌 어떤 혼합적 유대주의 사상을 지칭한다. 또한 바울은 이 철학을 "헛된 속임수"라고 폄하하면서 골로새 교회 성도들이 미혹되지 말 것을 권고한다. 위에서 살펴본 바에 의하면 거짓 교사는 유대교의 음식법, 절기법, 정결법 준수와 금욕적 생활을 골로새 교회 신자들에게 권하였다. 그러나 바울은 이것들이 그리스도와 상관이 없는 것이므로 헛된 속임수라고 생각했다. 헛된 속임수라고 말하는 이유는 그것이 "사람들의 전통"과 "세상의 초등학문"을 따른 것이며 그리스도를 따르지 않은 것이기 때문이다. 일반적으로 "사람들의 전통"은 인간의 지식과 경험에 근거한 각종 사상, 철학, 윤리, 풍습 등을 의미한다. 여기에서 바울은 구체적으로 유대교와 골로새 지역의 종교와 풍습을 의미한다. 바울은 이러한 인간적인 전통에 근거한 거짓 교사들의 가르침은 하나님의 계시와 사도들의 가르침에 근거한 진리가 아님을 주장하면서 그들의 교훈을 따르지 말아야 함을 권고한다.

바울은 나아가서 이 철학이 그리스도가 아니라 "세상의 초등학문"에 의거하고 있다고 말하면서 이 철학을 부정한다. 개역개정에서 "세상의 초등학문"으로 번역된 원문 '타 스토이케이아 투 코스무'는 문자적으로 "세상의 요소들"로 번역할 수 있다. 사실 '타 스토이케이아 투 코스무'(τὰ στοιχεῖα τοῦ κόσμου)의 의미를 정확히 알기는 어렵다. 이것은 물질적 세계를 구성하고 있는 요소들인 땅, 공기, 물, 불을 지칭하는 용어로 사용되었다. 이 요소들이 세상을 구성하는 기본 요소이므로 '타 스토이케이아 투 코스무'를 세상을 운영하는 기본 원리로 생각할 수 있다(히 5:12 참조). 개역개정 번역인 "세상의 초등학문"은 이 해석에 근거한 번역이다. 하지만 갈라디아 교회 교인들이 "세상의 요소들" 아래에서 "종살이 하고 있었습니다"(갈 4:3)과 "요소들"을 섬기기를 원한다는 바울의 말에 기초해서 이것은 세상을 다스리는 어떤 힘(force)으로서 숭배의 대상이라는 점을 추측해 볼 수 있다. 아마도 그들은 개종하기 전 "세상의 요소들"을 신적인 존재들로 섬겼을 것이다(4:8). "세상의 요소들"을 섬기는 것과 날과 달과 절기와 해를 지키는 것과 상응하다는 점에(갈 4:9-10)

근거해 볼 때 "세상의 요소들"이 땅과 공기와 물과 불에 관련된 종교적 신앙과 실천을 포함한다고 볼 수 있다. 필로는 어떤 나라 사람들은 땅과 공기와 물과 불과 요소들을 신격화하고 있다고 말하고 있다. 그리스 신화(Greek mythology)에는 땅의 신(Gaea), 물의 신(Poseidon), 불의 신(Hephaestus)이 나온다. 땅, 물, 불이 세상을 지배하고 있으므로 신들(gods)로 간주되었다(동양의 세계관에 의하면 땅, 물, 불은 신격화되어 숭배의 대상이었다). 그래서 바울신학자 드보어는 "세상의 요소들"은 우주의 물질 구성 요소인 땅과 공기와 물과 불을 둘러 싼 "종교적 신앙들과 실천들의 집합에 대한 요약적 표현"이라고 주장한다(de Boer, *Galatians*, 256). 이 해석이 매우 타당하게 보인다. 만약 이 주장이 옳다면 '타 스토이케이아 투 코스무'는 "세상의 초등학문" 또는 "세상의 초보적 원리" 보다는 "세상의 종교적 신앙체계"(the religious belief-systems of the world)를 의미한다고 볼 수 있다. 그래서 '타 스토이케이아 투 코스무'를 따르는 것은 땅과 공기와 물과 불과 같은 우주의 물질 구성 요소들과 관련된 여러 우상숭배적인 이교적 신앙을 따르는 것으로 볼 수 있다. 바울은 거짓 교사의 유대주의적 신비주의를 따르는 것은 땅, 공기, 물, 바람을 신격화하여 섬기는 세상의 종교체계를 따르는 것과 같다고 말하고 있는 것이다. 바울은 거짓 교사의 가르침이 그리스도를 따른 것이 아니라고 말하면서 그들의 가르침을 믿지 말라고 권고한다. 바울 사도가 골로새서에서 그리스도를 강조하여 설명하는 것은 거짓 교사의 가르침이 그리스도를 따른 것이 아니라는 것을 알려주기 위함이었다. 거짓 교사의 가르침은 그리스도에 관한 바울의 가르침과 서로 조화를 이룰 수가 없기 때문에 거부되어야만 한다는 것이다. 그리스도에 근거하지 않고 그리스도와 어울리지 않는 어떤 세상의 사상과 철학은 배척되어야 한다는 것이다.

9절 _ 그 안에는 신성의 모든 충만이 육체로 거하시고

바울은 골로새 교회 성도들이 헛된 속임수로 그들을 사로잡으려는 거짓 교사의 가르침에 속아 넘어가지 말아야 할 이유를 제시하고 있다. 그 이유는 예수 그리스도 안에 하나님의 신성의 모든 충만이 육체로 거하기 때문이다. 바울은 골로새 교회 성도들에게 그리스도를 따른 가르침이 무엇인가를 알려주고 있다. 거짓 교사의 가르침이 아니라 자신의 교훈을 따를 것을 권고하기 위해 그리스도를 찬양하면서 구원을 위한 그리스도의 필요충분성을 제시한다. "그 안"은 "그리스도 안"을 말하며 신성의 충만함이 존재하는 곳은 그리스도이다. "충만"('플레로마'[πλήρωμα])는 하나님의 영광에 나타난 하나님의 신성(deity)을 의미한다. 하나님께서 그리스도 안에 "충만" 즉 하나님의 신성을 머물게 하셨다는 말은 하나님의 신적인 성품과 능력과 영광이 그리스도 안에 있으며 그를 통해 역사되었다는 것을 의미한다. 충만이 "육체로"로 거하시는 것은 하나님의 신성이 예수 그리스도의 성육신(incarnation)을 통하여 나타났음을 의미한다(요 1:14 참조). 신성의 충만이 육체로 나타나심은 그리스도를 통하여 하나님의 신성을 경험할 수 있으며 그리스도는 하나님을 실재로 계시하신 분임을 의미한다. 구체적으로 그 육체가 십자가에 달린 육체도 포함하므로 하나님의 영광과 충만이 십자가 위에서 나타났음을 암시한다.

10절 _ 너희도 그 안에서 충만하여졌으니 그는 모든 통치자와 권세의 머리시라

바울은 골로새 교회 성도들이 그리스도 안에서 충만하여졌다고 말한다. 골로새 교회 성도들이 충만해졌다는 것은 무엇을 의미하는가? 하나님의 신성의 충만함이 그리스도 안에 존재하기 때문에 그리스도와 연합한 자는 그리스도 안에 있는 하나님의 성품을 경험할 수 있음을 의미하는 것 같다. 여기서 바울이 인간이 신과의 연합을 통해 신의 세계와 속성에 참여할 수 있다는 고대 헬라 사상에 기초하고 있는 것 같지는 않다. 왜냐하면 헬라 철학과 종교의 영향을 받아 신자가 하나님의 본질인 불멸성(immortality)과 영원성(permanence)을 공유하는 것을 의미한다고 보기는 힘들기 때문이다. 아마도 하나님의 형상으로 창조된 인간이 하나님의 속성을 닮을 수 있다는 헬라주의 유대사상과(필로, 요세푸스) 유사하다고 볼 수 있다. 그래서 하나님의 형상인 예수 그리스도와 연합한 자는 하나님의 충만, 즉 하나님의 영광을 경험하고 나눌 수 있다고 생각한 것 같다. 이와 유사한 신앙이 베드로후서 1:4에 나타난다. 예수 그리스도의 신적 능력을 통하여 생명과 경건을 위한 모든 것과 약속을 받은 신자가 가지는 유익은 "신적 본성을 나누는 자"('데이아스 코이노노이 퓌세오스'[θείας κοινωνοὶ φύσεως])가 되는 것이다. "신적 본성을 나누는 자"가 된다는 말은 하나님의 신적 성품에 참여하는 자가 된다는 것을 의미한다고 볼 수 있다. 그리스도 안에서 충만해지는 것은 그리스도의 장성한 분량이 충만한 데까지 이르는 것으로(엡 4:13) 이해할 수도 있을 것이다. 그래서 그리스도 안에서 충

만해졌다는 것은 그리스도를 그리스도와 주로 믿고 받아들인 성도들이 그리스도와 연합되어 하나님의 성품과 생명의 충만을 경험하였음을 의미한다. 하나님의 충만이신 그리스도를 통하여 하나님의 형상을 회복하며 태초의 생명을 경험하는 것을 암시하는 것으로 보인다. "모든 통치자와 권세"는 이 세상의 왕들과 정사자들을 지칭하는 것이 아니라 하늘의 영적 통치자들을 의미한다. 그리스도가 "모든 통치자와 권세"의 "머리"이시다는 말은 그분이 우주를 다스리시는 주님이심을 의미한다. 그래서 하늘에 있는 자들과 땅에 있는 자들과 땅 아래에 있는 자들의 무릎이 예수의 이름에 무릎을 꿇게 된 것이다(빌 2:10). 바울은 그리스도가 모든 통치자와 권세를 통치하시는 분이시므로 이 세상의 영적 세력들을 두려워하지 말며 또한 그것들에 근거한 거짓 가르침을 따르지 말 것을 간접적으로 권고한다. 아마도 거짓 교사는 금욕적인 생활이나 신비한 영적인 체험을 통하여 충만을 경험할 수 있다고 가르쳤을 수 있다. 그렇다면 바울은 그리스도 안에서 충만해진다고 가르치면서 그러한 거짓 교훈을 반대하고 있다.

11절 _ 또 그 안에서 너희가 손으로 하지 아니한 할례를 받았으니 곧 육의 몸을 벗는 것이요 그리스도의 할례니라

바울은 골로새 교회 성도들이 그리스도의 할례를 받았기 때문에 육체의 할례를 통해 충만 또는 완전함을 얻을 수 있다는 거짓 교사의 가르침을 따르지 말 것을 권고한다. 위에서 살펴본 대로 유대교에 의하면 할례는 언약백성의 정체성 표지이며 언약의 상징이다.

하나님의 언약백성 공동체로 가입될 수 있는 조건이다. 또한 할례는 하나님에 대한 헌신과 완전한 삶을 다짐하는 행위다(창 17:1 참조). 할례와 "완전성"(perfection)의 관계가 히브리어로 기록된 구약 성경을 아람어로 번역한 탈굼(Tg. Ps.-J.)에 나타난다. 창세기 17:1 본문을 해석하여 아람어로 번역한 역자는 창 17:1b("내 앞에서 행하고 완전하라")를 "내 앞에서 경배하고 육체 안에서 완전하라")로 번역했다. 번역자는 할례가 아브라함의 완전성과 밀접한 상관관계가 있다고 이해한다. 이것은 갈라디아서 3:3에서도 발견된다. 바울은 할례를 받으려 하는 갈라디아 교회 신자들에게 "너희는 육체에 의해 완전해지려고 합니까?"('사르끼 에피텔레이스테'[σαρκὶ ἐπιτελεῖσθε;])라는 질문을 던졌다. 여기서 "육체"('사르크스[σάρξ])의 의미에 대한 해석은 다양하지만 하나님의 백성의 정체성을 표시하는 할례 받은 육체를 지칭하는 것일 것이다(갈 6:12-13; 롬 2:28; 빌 3:3-5; 골 2:11, 13; 엡 2:11-12). 동사 '에피텔레이스테'를 수동태로 해석하면 "육체에 의해 완전해지려고 합니까?"로 번역할 수 있다. 그러므로 갈라디아 교회로 들어온 선동자들은 위에서 언급한 탈굼 번역자와 유사한 입장을 견지하여 갈라디아 교인들에게 할례를 받음으로 완전해질 수 있다고 가르쳤다고 볼 수 있다. 거짓 교사도 이와 같은 유대교 전통에 기초하여 아마도 거짓 교사(들)은 할례가 영적인 완전에 도움이 될 수 있다고 골로새 교회 성도들을 가르쳤을 것이다. 또한 할례를 통해 금욕적인 삶을 살 수 있다고 가르쳤을 것이다. 왜냐하면 할례는 하나님 앞에 완전히 행하는 삶을 살겠다는 맹세의 표시가 될 수 있기 때문이다.

하지만 바울은 손으로 하지 않은 할례, 즉 하나님이 직접 행하신 할례를 받음으로 골로새 교회 성도들이 구원을 경험하였음을 그들에게 상기시킨다. "그 안"은 "그리스도 안"을 가리키는데 그리스도와 연합하여 할례를 받았다는 것이다. "육의 몸을 벗는 것"은 인간의 악한 본성을 벗는 것을 의미하는 것이 아니라 그리스도의 죽음을 의미한다. 여기서 "육"('사르크스')은 인간의 육체를 지칭한다(골 1:22 참조). "그리스도의 할례"는 포피를 자르는 할례라는 은유를 통해 그리스도의 죽음을 상징한다. 그리스도께서 십자가에 달려 죽으셨을 때 그리스도와 연합한 신자들도 영적인 할례를 받았다는 것이다. 하나님께서는 신자들을 그리스도와 함께 십자가에 못박음으로써 그리스도의 죽음을 영적으로 체험하게 하셨다. 이것이 그리스도 안에서 손으로 하지 않은 할례를 받았다는 의미이다. 바울은 자신이 그리스도와 함께 십자가에 못 박혔음을 고백하였으며(갈 2:20 참조) 성도들은 세례를 통하여 경험하게 된다고 말한다.

12절 _ 너희가 세례로 그리스도와 함께 장사되고 또 죽은 자들 가운데서 그를 일으키신 하나님의 역사를 믿음으로 말미암아 그 안에서 함께 일으키심을 받았느니라

바울은 육적 몸을 벗는 것, 즉 그리스도의 할례를 그리스도와 연합된 세례(엄격히 말하면 침례)라는 은유를 통해 다시 설명하고 있다. 바울에 의하면 침례는 그리스도와 연합된 그리스도인의 장사와 부활을 의미한다. 신자들이 침례를 받을 때 물 아래로 내려가는 것은 땅 아래로 묻히는 것을 그리고 물 위로 올라오는 것은 무덤에서 다시 일어나는 것을 의미한다(롬 6:4-6 참조). 그리스도와 신비적 연합을 이룬 신자들은 세례를 통하여 그리스도와 함께 죽고 다시 살았음을 경험하여 옛사람은 죽고 새사람을 입게 된 것이다(골 3:9-10 참조). 이 사건은 세례를 통하여 발생되며 현재적으로 새 시대의 부활의 삶을 경험하고 있는 것이다. 그런데 이 신비적 체험은 죽은 자들 가운데서 예수 그리스도를 다시 살리신 하나님의 역사를 믿음으로 말미암아 가능한 것이다. 그리스도를 부활시키신 하나님의 강력한 역사에 대한 믿음은 초대 기독교 신자들의 주요한 신앙이었다(롬 4:24; 고전 15;15; 갈 1:1; 살전 1:10 참조). 신자들은 이 부활신앙을 통하여 그리스도의 십자가와 부활사건에서 일어난 하나님의 구원역사와 그 사건의 축복들을 실존적으로 체험할 수 있는 것이다. 세례 안에서 죽음과 부활을 영적으로 경험할 수 있는 것이다. 개역개정 번역인 "그 안에서"는 "그리스도 안에서"가 아니라 "세례 안에서"로 해석하는 것이 옳다. 왜냐하면 대명사 '호'는 그리스도가 아니라 세례를 지칭하기 때문이다. 신자들은 세례 안에서 그리스도의 할례를 경험하게 되며 그리스도와 연합하여 죽음과 부활을 체험하는 것이다.

13절 _ 또 범죄와 육체의 무할례로 죽었던 너희를 하나님이 그와 함께 살리시고 우리의 모든 죄를 사하시고

바울은 골로새 교회 성도들에게 세례를 통하여 하나님께서 죄로 인해 죽었던 그들을 살리시고 죄를 용서하셨다고 강조한다. 바울은 그리스도와 연합된 신자들이 장사와 부활을 상징하는 세례를 통해 죽음과 새 생명을 경험하게 된다고 믿었다. 이방인인 골로새 그리스도인들은 그리스도 예수를 주로 믿기 전에 하나님의 법(율법)을 알지 못하여서 하나님의 계명을 어겼기 때문에 육적이고 영적인 죽음을 맞이할 수밖에 없었다. 죄의 삯은 사망인 것이다(롬 6:23). 또한 그들은 하나님의 언약의 상징이며 하나님의 언약백성의 표지인 할례(창 17:10-14 참조)를 그들의 육체에 받지 못하였으므로 생명을 약속으로 가질 수 있는 자들이 못되었다(엡 2:11-12 참조). 그들의 결국은 심판과 죽음이었던 것이다. 그러나 하나님은 신자들의 모든 죄를 은혜로 용서하시고 그들을 예수 그리스도와 함께 살리셨다고 바울은 말한다. 앞에서 말한대로 하나님께서 예수 그리스도를 죽은 자들 가운데서 살리실 때 그리스도와 연합한 신자들고 살리셨다. 세례를 통해 그리스도와 함께 죽음에서 부활하게 된 것이다. 하나님은 죽은 자들에게 생명을 주시는 분이시다(롬 8:11; 고전 15:22; 참조 요 5:21; 벧전 3:18). 그리스도의 할례를 받음으로 그들은 더 이상 무할례자들이 아니라 영적으로 할례를 받은 자들이 되었다. 하나님은 구원의 반열에서 제외된 무할례의 이방인들을 그리스도의 할례를 주심으로 언약의 백성으로 삼으시고 생명을 주셨다. 이 축복은 그리스도를 주로 영접함을 통해 이루어지는 그리스도와의 연합을 통해 주어진다. 또한 바울은 하나님께서 "우리"의 모든 죄를 사하셨다고 말한다. "우리"는 바울과 골로새 교회 성도들을 포함한다. 하나님께서 유대인 그리스도인과 이방인 그리스도인 둘 다 예수 그리스도를 통하여 죄 용서라는 은혜의 선물을 받게 되었다. "사하시고"로 번역된 '카리조마이'(χαρίζομαι) 동사는 원어로는 "은혜를 베풀다"를 의미한다. 하나님께서 베푸신 은혜는 하나님의 자비로운 구원의 역사와 그 역사의 축복들을 의미한다. 주변 문맥에서는 하나님께서 다시 살리시는 것, 정죄하고 저주하는 법조문을 지우시는 것, 통치자들과 권세들을 무장해제 시키시는 것 등(골 2:13-15)이 하나님의 은혜의 역사이다. 그리고 생명, 죄 용서, 악으로부터의 자유 등이 은혜의 내용이다. 죄는 하나님의 계명을 범하는 것을 의미한다. 하나님의 용서는 하나님의 은혜의 선물이며 용서의 대상은 어느 죄도 제외되지 않는 모든 죄이다.

14절_우리를 거스르고 불리하게 하는 법조문으로 쓴 증서를 지우시고 제하여 버리사 십자가에 못 박으시고

바울은 하나님의 다시 살리심과 관련된 하나님의 구원 행위들을 열거하고 있다. 하나님께서 죄인들의 죄목 기록부를 십자가에 못 박음으로 제하시고 도말하셨다. "법조문으로 쓴 증서"로 번역된 '토 케이로그라폰 토이스 도그마신'은 "법조문으로 구성된 손으로 쓴 문서"를 지칭한다. 법조문은 모세의 율법을 지칭하는 말이다(골 2:20 참조). "손으로 쓴 문서"는 계약 쌍방이 계약 내용을 놓고 서명한 문서를 말하는데 예를 들면 빚 문서와 같은 것을 지칭하다. 하나님의 계명들을 어긴 죄목들을 손으로 기록한 책을 일컫는 것 같다. 그런데 이 죄목 기록부는 죄인들이 장차 받을 심판의 내용들을 기록하고 있기 때문에 그것은 죄인들을 대적하고 그들을 불리하게하고 속박하는 문서인 것이다. 모세의 율법 조문은 죄인들을 죽이고(고후 3:6) 저주한다(갈 3:3). 그러나 하나님은 그 죄목 기록을 다 지워버리셔서 그 문서를 무효화시키심으로써 죄인들이 형벌을 받지 않도록 하셨다. 하나님은 그 죄목 기록을 십자가에 못 박으심으로써 도말하셨다. 계약문서를 못 박는 것은 계약을 파기하는 표

식이었다. 십자가 위에서의 예수 그리스도의 죽음이 죄인의 형벌을 대신 받으시고 율법의 저주를 대신 받으심으로써 죄목 기록을 말소시키신 것이다(갈 3:13 참조). 이것이 우리의 죄를 용서하시는 하나님의 구원행위인 것이다. 율법은 더 이상 우리를 정죄하거나 저주할 수 없게 된 것이다. 왜냐하면 하나님께서 예수 그리스도를 십자가에 달려 죽게 하심으로 정죄하고 저주하는 율법의 능력을 소멸시키셨기 때문이다. 율법의 능력에 의거한 사망은 더 이상 쏘아서 죽일 수 있는 능력을 상실하게 된 것이다(고전 15:55-56). 그래서 하나님의 심판대 앞에서 죄와 율법이 신자들을 더 이상 정죄하거나 죽일 수 없으므로 의인으로 설 수 있으며 영생을 선물로 받을 수가 있는 것이다.

15절 _ 통치자들과 권세들을 무력화하여 드러내어 구경거리로 삼으시고 십자가로 그들을 이기셨느니라

바울은 15절에서 하나님의 구원행위들을 계속하여 설명하고 있다. "통치자들과 권세들"은 이 세상의 인간 통치자와 권력이 아니라 천상적이고 영적인 통치자들과 권세들 즉 사탄과 하늘의 악한 영들을 지칭하는 것으로 보인다(엡 2:2 참조). "무력화하다"로 번역된 '아페크두사메노스'(ἀπεκδουσάμενος)는 "옷을 벗다"를 의미하는데 병사들의 무장을 해제시키는 것으로 이해할 수 있다. 무장해제 시키는 주체는 하나님이시다. 바울은 십자가를 통한 하나님의 구원역사를 로마 개선장군의 개선행렬의식 장면을 비유로 삼아 설명하고 있다. "이기셨느니라"로 번역된 '트리암뷰오'(θριαμβεύω) 동사는 "내가 누구를 승전행렬로 이끌다"를 의미한다(고후 2:14 참조). 로마 개선장군의 승전행렬의식에 따르면 장군이 포로로 잡은 자들을 무장해제 시켜서 개선행렬 속으로 진행하게 하였다. 그렇게 함으로써 개선장군의 승리와 적군의 패배를 공개적으로 로마 황제와 로마에 살았던 많은 사람들에게 알리었다. 바울은 이러한 비유를 사용하여 하나님은 영적 통치자들과 권세들을 무장해제 시키셨다고 말한다. 하나님께서 그들의 무장을 해제시키심으로 그들의 세력을 무력화 시키신 것이다. 그리고 공개적으로 옷이 벗겨지고 패배한 그들을 백일하에 노출시키시어 하나님의 승리와 그들의 패배를 널리 알리신 것이다. 하나님께서 악한 영들과 사탄과 같은 통치자들과 권세들을 개선장군 승전행렬 속으로 이끄신 장소는 십자가이다. 대명사 '아우토스'(αὐτός)가 그리스도가 아니라 십자가를 지칭하므로 원문 '엔 아우토'(ἐν αὐτῷ, "그 안에서")는 "그리스도 안에서"가 아니라 "십자가 안에서"로 해석해야 한다. 하나님은 십자가 위에서 모든 영적 세력들을 멸하시고 그리스도 앞에 무릎을 꿇게 하셨다. 십자가 위에서 악과 악한 영적인 세력들이 패배하고 그리스도의 능력과 영광이 드러나게 된 것이다. 십자가는 패배와 수치의 상징이 아니라 하나님이 영적세력들을 굴복시키시는 하나님의 구원의 능력을 발현하고 있다. 그러므로 십자가의 도는 모든 사람에게 구원을 주시는 하나님의 능력인 것이다(고전 1:18 참조).

III. 메시지와 적용

1. 예수 그리스도 안에 굳게 서서 행하라

그리스도인들은 그리스도 예수님이 자신의 개인적인 구주시라는 것과 우주를 다스리시는 주님이시라는 기독교의 복음을 전해 듣고 믿은 사람들이다. 예수 그리스도는 하나님의 아들로서 하나님의 아들의 나라를 다스리시고 계신다. 그리스도인들은 하나님의 아들의 나라의 시민이다. 예수 그리스도를 주라 고백하는 마땅한 응답으로서 그리스도를 왕으로 모시고 그분의 통치를 받아야 한다. 왕이신 하나님의 아들 예수 그리스도께서 다스리시는 영역 안에서 살아야 한다. 신자의 생활 영역은 이 세상이 아니라 예수 그리스도 안이 되어야 한다. 하나님의 아들의 나라에서 살아가는 신자에게는 예수 그리스도가 신자의 신앙생활의 근본이 되어야 한다. 그 분이 신자의 삶의 기초이므로 그 분 위에 자신의 삶이라는 건물을 쌓아 올려야 한다. 자신의 육신적 배경과 야망의 기초 위에 건물을 지으면 결국 무너지고 말 것이다. 그리고 신자는 하나님의 말씀을 따라 믿음을 굳게 지켜야 한다. 하나님의 말씀이 진리이요 신자의 삶의 준거이다. 세상의 미혹과 시험 가운데서도 믿음을 잃지 말아야 한다. 또한 하나님께서 그리스도를 통해 성도들에게 주신 은혜로 인해 하나님께 감사를 드리면서 살아야 한다. 믿음 때문에 고난과 시험을 당할 때에는 하나님께서 베푸신 축복들을 기억하고 소망할 필요가 있다. 그러면 신자는 낙심하거나 좌절하지 않게 된다. 오히려 하나님께 감사의 기도와 찬양을 올려드리면서 힘차고 용기 있게 살아갈 수 있는 것이다.

2. 이 세상의 종교적 가르침을 따르지 말라

바울은 자신이 전하는 복음을 진리라고 믿었으며 이 진리를 변질시키거나 거스르는 어떤 가르침도 용납하지 않았다. 기독교의 진리를 훼손하거나 왜곡시키는 세상의 철학이나 전통을 헛된 속임수라고 생각하였다. 십자가의 도를 인정하지 않는 유대교와 그레코로마 철학과 종교를 부정하였다. 그리고 "복음의 진리"(갈 2:5, 14)를 훼손하는 유대주의적 유대인 그리스도인들을 저주하기도 하였다(갈 1:8-10). 기독교와 다른 세상의 철학과 종교에 대해 무관용적인 태도를 보여주었다. 그 이유는 요한복음의 표현을 빌리자면 바울에게는 그리스도가 "길과 진리와 생명"(요 14:6)이기 때문이다. 오늘날 그리스도인은 신약성경인 바울의 서신을 하나님의 말씀으로 믿고 있다. 그래서 하나님의 말씀과 어긋난 다른 종교와 철학 그리고 세계관을 부정하고 있다. 포스트모던 사상(post modernism)이 지배적인 오늘날에 신자들이 이러한 믿음과 가치관을 유지하고 살아가기란 쉽지 않을 것이다. 그럼에도 불구하고 신자는 하나님께서 행하신 구원의 역사를 진리로 믿고 성령을 통해 체험된 진리를 굳게 붙들고 살아가야 한다. 세속적 세계관을 따르지 말고 이단을 경계하면서 복음의 진리를 따라 걸어가야만 한다. 신자는 예수 그리스도 안에서 구원의 충만을 받았으며 그리스도와 함께 죽고 사는 것에 대한 체험을 가지고 있다. 하나님께서 죽었던 신자들을 살리시고 죄를 용서하셨으며 신자의 죄목이 적힌 문서를 십자가에 못 박음으로 제하시고 도말하셨다. 하나님께서 그리스도의 십자가를 통해 악한 영적세력들을 무장을 해제시키시고 그들의 패배를 널리 알리셨다. 신자는 이러한 하나님의 구원의 역사를 확실히 믿으며 그 구원의 역사를 실감하고 있는 것이다. 신자는 기독교 교리를 믿고 자신의 믿음이 절대적 진리라고 주장하는 것으로는 충분하지 않다. 한 걸음 더 나아가 성령의 역사를 통한 자신의 체험적인 지식을 가지고 그렇게 주장하고 그 진리대로 살아가야 한다.

8.
거짓 가르침을 따르지 말라는 경고
(2:16-23)

I. 본문 개관

본문은 거짓 가르침을 따르지 말라는 바울의 경고와 구체적 권고를 담고 있다. 본문은 크게 두 단락으로 구성되어 있다. 첫째 단락인 16-19절은 음식법, 절기법, 그리고 천사가 하나님께 드리는 예배에 동참하는 것을 가르치는 거짓 교사(들)의 주장을 경계하여 그들의 가르침을 따르지 말고 그리스도를 붙들라는 바울의 강권이다. 둘째 단락인 20-23절은 그리스도와 함께 죽어 세상 종교의 근본적 원리 또는 세상을 다스리는 영적 세력들로부터 자유롭게 된 골로새 교회 성도들은 유대교의 규례들을 순종할 필요가 없음에 대한 바울의 경고와 설명이다.

바울은 앞에서 제시한 신학적 설명(2:8-15)에 근거하여 어느 누구라도 골로새 교회 성도들을 비판하지 못하도록 하라고 권고한다. 거짓 교사(들)은 골로새 교회 성도들에게 음식과 거룩한 날과 절기에 관한 율법 준수를 요구하였다. 그러나 바울은 실체가 아니라 그림자인 모세의 율법을 의지하지 말고 오히려 실체인 예수 그리스도를 의지하라고 강권한다. 거짓 교사(들)은 금욕적 삶과 천사가 하나님께 드리는 예배에 동참하는 것을 즐기면서 골로새 교회 성도들의 영적 열등성을 폄하하며 비판하였다. 그러나 바울은 거짓 교사(들)이 그들을 열등하고 부적격한 하나님의 백성으로 취급하지 않도록 하라고 권고한다. 바울은 거짓 교사(들)이 모든 만물을 유지하시며 통치하시는 머리이신 그리스도를 붙들지 않는다고 비난하면서 골로새 교회 성도들은 영적 성장의 공급원인 그리스도를 붙들 것을 권면한다. 그리스도와 무관한 어떤 종교적 규례를 따르는 것은 아무런 소용이 없는 것이다. 머리와 실체이신 예수 그리스도를 굳게 잡아 누구든지 폄론하지 못하게 해야 한다는 것이다.

20-23절에서 바울은 골로새 교회 성도들이 그리스도와 함께 죽음으로써 세상의 영적 세력들 또는 세상의 종교적 체계로부터 해방되었음을 상기시킨다. 세례를 통한 장사는 이전에 살았던 세상에 대한 죽음이며 세상과의 단절을 의미한다. 그런데 음식법, 날과 절기에 관한 법, 그리고 금욕적 삶에 대한 규례들을 지키는 것은 다시 영적 세력들에게 굴복하는 것이요 다시 유대교의 세상으로 돌아가는 것이다. "붙잡지도 말고 맛보지도 말고 만지지도 말라"는 유대교의 정결과 음식에 관한 율법을 지키는 것은 별 소용이 없으며 하나님의 명령이 아니라 사람의 명령과 가르침을 따르는 것이다. 사람의 명령과 가르침을 따르는 것이 일시적인 소용은 있었지만 이제 아무런 효력이 없는 것이다. 정결법과 음식법에 관한 규례 준수는 천사가 하나님께 드리는 예배에 자의적으로 동참하는데나 금욕적 삶을 추구하는데 소용이 있는 것처럼 보이지만 사실 육신

의 정욕을 제어하거나 해결하는데 아무런 가치와 효력이 없는 것이다. 예수 그리스도를 붙들고 그분 안에 뿌리를 박고 세움을 받은 신자는 유대적 삶의 규례를 준수 할 필요가 없다는 점이 강조되어 있다.

II. 절별 해설

16절 _ 그러므로 먹고 마시는 것과 절기나 초하루나 안식일을 이유로 누구든지 너희를 비판하지 못하게 하라

바울은 이전 본문(2:8-15)의 신학적 설명에 근거하여("그러므로") 골로새 교회 성도들이 거짓 교사(들)의 가르침을 경계하며 이단적 규례들을 따르지 말 것을 권고한다. 특히 그리스도를 통한 하나님의 구원역사의 결과와 중요성을 인식하여 그들의 가르침에 현혹되지 말라고 경고한다. 거짓 교사(들)는 골로새 교회 성도들에게 음식과 성일(聖日)들과 절기에 관한 율법 준수를 가르쳤다. "먹고 마시는 것"은 레위기 11:1-23과 신명기 14:3-21에 나오는 정한 음식과 부정한 음식에 관한 규례와 민수기 6:3과 레위기 10:9에 나오는 주류를 금하는 규례를 가리킨다. 유대인들은 음식법을 지키기 위해 최선을 다했다(단 1:3-6; 행 10:14 참조). 어떤 유대인들은 다니엘과 같이 죽음을 무릅쓰기까지 하면서 음식법을 준수 하였다. 심지어 예수님의 제자인 베드로도 부정한 음식을 멀리하였다(행 10:14). "절기나 월삭이나 안식일"은 유대인이 지키는 절기와 거룩한 날들에 대한 율법을 가리킨다. "절기"는 유대인들이 지키는 모든 절기들, 특히 유월절, 맥추절과 장막절을 지칭한다(출 23:14-16). "월삭"은 매월

초하루로서 번제를 드리는 날(민 10:10; 28:11)이다. "안식일"은 칠일 중 하루를 쉬는 날로서 하나님의 안식을 기리는 날이다(출 20:8). "절기나 월삭이나 안식일"은 하나님의 언약백성의 표식이며 이 표식을 유지하기 위해 유대인들은 엄격하게 이 규례들을 준수했다. 이러한 유대 전통에 기초하여 거짓 교사(들)는 골로새 교회 성도들이 음식법과 절기법을 지키지 않으면 자신들과 같은 사람들이 될 수 없다고 생각했을 것이다. 아마도 그들은 골로새 교회 성도들을 열등하다고 판단하여 골로새 교회 성도들을 비판하였을 것이다. 그러나 바울은 골로새 교회 성도들이 이 규례들을 지키지 않는다고 누가 그들을 비판하지 못하도록 권면한다. 그리스도 안에서 그리고 그리스도를 통해 충만해지고 새 생명을 얻은 골로새 교회 성도들은 그런 규례들이 필요 없음을 알아 거짓 교사(들)이 그들을 폄론하지 못하게 하라는 것이다. 아마도 바울은 하나님께서 "법조문으로 구성된 손으로 쓴 문서"인 음식법과 절기법을 무효화시키셨으므로 이런 법 준수 문제를 가지고 누구든지 성도들을 비판하도록 두어서는 안 된다고 주장하는 것이다. 바울은 음식법과 절기법과 같은 문제를 놓고 서로 판단하거나 정죄하지 말라고 말한다(롬 14:10 참조). 따라서 성도들은 "비본질적인 것들"('타 아디아포라'[τὰ ἀδιάφορα])을 가지고 서로 비판하거나 정죄하지 말아야 한다. 기독교의 근간이 되는 핵심적 교리와 상관없는 신앙적 입장과 행동에 대한 판단과 정죄는 하나님께 맡겨야한다.

17절 _ 이것들은 장래 일의 그림자이나 몸은 그리스도의 것이니라

바울은 거짓 교사(들)의 비판에 대해 "절기나 월삭이나 안식일"에 관한 모세 율법은 실체가 아니고 그림자라고 잘라 말한다. 그렇기 때문에 누가 그런 문제를 놓고 골로새 교회 성도들을 판단하지 못하도록 해야 한다는 것이다. 실체와 그림자로 구분하는 바울의 사상은 하늘의 원형과 땅의 모형을 구분하는 플라톤 철학에 그 배경을 두고 있다. 눈에 보이는 것들은 "이데아"(Idea)의 그림자라는 플라톤 사상은 유대인 철학자 필로뿐만 아니라 바울과 히브리서 기자에게도 영향을 주었다. 둘 다 율법은 장차 올 것의 그림자라고 주장한다(히 10:1 참조). 바울에게 있어서 장차 올 것은 유대인들이 학수고대 했던 메시아 바로 예수 그리스도의 출현이다(롬 5:14 참조). "몸"('소마'[σῶμα])은 비유적으로 실체를 의미하는데 실체는 그리스도에게 속한 것이다. 다시 말하면 그리스도가 진정한 실체로서 하늘의 실재를 담고 계시며 나타내신 분이시다는 것이다. 따라서 율법은 유대인들이 대망했던 메시아의 그림자로서 열등하며 참 실체가 아니므로 율법준수는 구원을 위해 무의미한 것이다. 오히려 참 실체인 그리스도를 의지해야 하는 것이다.

18절 _ 아무도 꾸며낸 겸손과 천사 숭배를 이유로 너희를 정죄하지 못하게 하라 그가 그 본 것에 의지하여 그 육신의 생각을 따라 헛되이 과장하고

바울은 거짓 교사(들)가 골로새 교회 성도들을 부적격한 하나님의 백성으로 취급하지 않도록 하라고 권고한다. 거짓 교사(들)은 "겸손과 천사 숭배"를 즐기면서 골로새 교회 성도들의 영적 열등성을 폄하하며 비판하였을 것이다. 거짓 교사(들)이 즐겼던 것은 "겸손과 천사 숭배"이다. 개역개정 번역에는 "즐기는"('텔론[θέλων]') 분사의 번역이 생략되어 있다. “겸손”은 자기부정(레 16:29; 23:27 참조) 또는 금욕적 삶의 실천으로서의 금식(시 35:13; 사 58:3 참조)을 의미한다. 거짓 교사(들)는 금식과 금욕적 생활을 통한 자기부정을 강조했을 것이다(골 2:21 참조). “천사 숭배”는 천사를 숭배하는 인간의 경배 또는 천사가 하나님을 경배하는 것을 의미한다고 볼 수 있다. 전자가 전통적 해석이다. 이 해석에 의하면 거짓 교사(들)이 하나님의 천사들에게 예배드리는 것을 즐기는 유대적 혼합주의 사상을 가졌다고 볼 수 있다. 하나님 외에 다른 신을 섬기지 말라는 계명을 거역하고 거짓 교사(들)이 천사를 숭배했을 가능성은 낮아 보인다. 후자의 해석에 의하면 천사 숭배는 천사에게 경배하는 것이 아니라 천사가 주도하는 하나님을 향한 경배에 그들이 동참하는 것을 즐겼다는 것이다. 하늘에서 천사가 하나님께 드리는 사상은 구약성경(시 29:1-2; 148:1-2)과 여러 유대문서에서 발견된다. 후자의 해석이 옳다면 거짓 교사(들)은 천사가 주도하는 하나님을 향한 경배에 참여하여 신적 경지에 올라가 환상을 본 것을 의지하여 그 육체의 마음을 좇아 헛되이 과장했다고 볼 수 있다. “의지하여”로 번역된 ‘엠바튜오’(ἐμβατεύω) 동사는 “어디로 들어서다” 또는 “상세한 내용으로 들어가다”라는 의미를 지니고 있다. 여기서는 천사가 드리는 예배의 장소인 하늘의 성소로 들어가서 본 것들로 들어가는 것으로 해석할 수 있다. 하늘에서 경험한 환상을 본 것을 거짓 교사는 즐겼고 자랑했을 것이다. 그러나 바울은 거짓 교사(들)가 본 환상을 악한 인간의 마음에 의하여 헛되이 과장한다고 폄하한다. 바울도 세 번째 하늘에 올라가 신비한 영적인 체험을 한 경험이 있다(고후 12:1-2). 하지만 바울은 그것을 자랑하거나 과장하지 않고 오히려 자신의 약함을 자랑하였다(고후 12:7-10). 거짓 교사의 육신적인 생각이 거짓으로 과장하게 만든다. 인간의 악한 본성을 따르면 교만하여 자신의 자랑거리를 거짓으로 과장하게 된다.

19절_ 머리를 붙들지 아니하는지라 온 몸이 머리로 말미암아 마디와 힘줄로 공급함을 받고 연합하여 하나님이 자라게 하시므로 자라느니라

바울은 거짓 교사가 모든 만물을 유지하시며 통치하시는 머리이신 그리스도를 붙들지 않는다고 말한다. "머리"는 근원 또는 권위를 뜻하는데 본 절에서는 몸을 통제하고 유지하며 성장 시키는 근원으로 묘사되어 있다. 그리스도가 "머리"라는 사실은 그분이 몸인 교회의 성장의 원천이 되시어 교회를 유지하시고 성장시키신다는 뜻이다(엡 4:16 참조). 바울은 교회의 머리는 예수 그리스도이시며 교회는 그의 몸으로 비유한다(고전 11:3-5; 엡 1:22-23; 골 1:18). 그리스도의 몸인 교회가 머리이신 그리스도로부터 마디와 힘줄을 통해 성장 동력을 공급받는다. 교회는 그리스도와 연합되어 있어야지 떨어져서는 존재할 수 없다. 바울은 거짓 교사가 그리스도를 붙들지 않으므로 그분과 떨어져 있음을 지적한다. 하나님이 교회의 영적 성장의 주체이시다. 하나님은 그리스도를 통하여 교회를 공동체적으로 성장시키신다. 그러므로 성장하기 위해서는 머리이신 예수 그리스도와 연합되어 있어야 한다. 성장은 영적인 성장을 의미하는데 숫자적인 성장이 배제된 것은 아니다.

20절 _ 너희가 세상의 초등학문에서 그리스도와 함께 죽었거든 어찌하여 세상에 사는 것과 같이 규례에 순종하느냐

바울은 골로새 교회 성도들이 그리스도와 함께 죽음으로써 세상의 영적 세력들로부터 해방되었음을 상기시키면서 왜 그들이 세상 안에 사는 것처럼 거짓 교사(들)이 가르친 규례를 순종하느냐고 꾸중하는 질문을 한다. 앞에서 본 바와 같이 "세상의 초등학문"('타 스토이케이아 투 코스무'[τὰ στοιχεῖα τοῦ κόσμου])는 "세상의 종교적 신앙체계"를 가리킨다. 구체적으로는 유대교의 음식법, 정결법, 절기법과 같은 것들이다. 그리고 골로새 지역 주변의 토속 종교들도 포함된다. 바울은 골로새 교회 성도들이 세례를 받을 때 그들은 그리스도와 함께 죽었다는 사실을 상기시킨다. 그리스도와 연합한 자는 그리스도의 죽음에 동참하게 되는 것이다. 그런데 이 죽음은 그들이 이전에 살았던 세상에 대한 죽음으로써 세상과 단절됨을 의미한다(갈 6:14 참조). 그리스도의 죽음은 영적 세력들을 무력화시킴으로써 더 이상 그리스도와 연합한 성도들에 대한 그들의 권위가 없게 만드셨고 성도들을 그 권세로부터 해방시키셨다. 그런데 음식법, 날과 절기에 관한 법, 그리고 금욕적 삶에 대한 규례들을 지키는 것은 세상의 종교적 체계에 복종하는 것을 의미한다. 바울에 의하면 하나님을 알지 못하고 할례도 받지 않았던 골로새 교회 성도들 하나님과 예수 그리스도를 믿기 전 이 세상의 종교적 신앙의 지배를 받아 종살이 하고 있었다(갈 4:3 참조). 그리고 땅, 공기, 물, 불과 같은 세상의 물질 구성 요소들과 관련된 여러 우상숭배적인 이교적 신앙에 속박된 종의 삶을 살고 있었다. 또한 복음을 전해 받아 그리스도를 믿었던 그들이 거짓 교사(들)에게 설득되어 음식법, 정결법, 절기법과 같은 규례를 준수하려고 했다. 바울에게는 이러한 규례를 준수하는 것은 그들이 예수 그리스도를 믿기 이전의 상태로 다시 돌아가 세상의 종교적 신앙체계의 지배를 받아 종노릇 하는 것을 의미한다. 이것은 다시 영적 세력들에게 굴복하는 것이요 다시 세상으로 돌아가는 것이다. 그런데 그리스도와 함께 죽는 것은 세상의 종교적 신앙체계와의 단절을 의미하며 그것으로부터의 해방을 뜻한다. 하지만 그것을 신봉하는 것은 세상 안에서 살아가는 것을 의미한다. 바울은 "세상"('코스모스'[κόσμος])을 부정적으로 생각하여 세상 안에는 죄(갈 3:22), "세상의 요소들"(갈 4:3, 9; 골 2:20)과 "흑암"(골 1:13), "통치자들과 권세들"(골 2:15)과 같은 하나님을 대적하는 세력들이 역사하고 있다고 믿었다. 하나님께서는 이러한 세력들로부터 해방시켜 성도들을 "하나님의 아들의 나라"로 옮기셨다(골 1:13). 그러므로 골로새 교회 성도들의 삶의 영역은 그리스도이지 하나님을 대적하는 세력들과 이 세상의 종교체계가 다스리는 세상이 아닌 것이다. 갈라디아서 6:14에 의하면 세상은 십자가에 못 박혀야 할 대상이다. 더 이상 세상은 그리스도 안에 있는 성도들에게 영향을 줄 수 없도록 세상의 종교체계를 십자가에 못 박아야 한다는 것이다. 그런데 그 세상 안에서 세상의 여러 세력들의 지배를 받아 살아가는 것은 다시 그것들의 종이 되는 것이며 하나님을 저버리게 되는 것이다. 골로새 교회 성도들이 위에서 언급한 규례들을 준수하는 것은 바울에게는 상상할 수조차 없는 일이다. 그래서 "왜 너희가 그 규례에 순종하느냐?"라는 수사적 질문을 던지면서 그것에 순종하지 말라고 강력히 권고하고 있는 것이다.

21절_곧 붙잡지도 말고 맛보지도 말고 만지지도 말라 하는 것이니

골로새 교회 성도들이 거짓 교사에게 설득되어 순종하려고 하는 규례는 "붙잡지도 말고 맛보지도 말고 만지지도 말라"이다. 거짓 교사가 골로새 교회 성도들에게 가르친 이 규례들은 정결과 음식에 관한 것이다. "붙잡지 말라"와 "만지지 말라"는 접촉이 금지되고 불결한 어떤 것들을 접촉하지 말라는 유대교 정결법과 관련이 있다(레위기 5:2-3; 11:24-28). 유대교 전통에 의하면 시체(민 19:11-13) 또는 문둥병자(레위기 13:45-46)와 같은 불결한 물건이나 사람을 접촉한 사람은 불결한 자가 된다. "맛보지 말라"는 부정한 음식을 먹지 말라는 유대교의 음식법과 관련이 있다. 거짓 교사(들)는 하나님의 언약의 백성의 정체성의 표지로서 정결법과 음식법을 지켰다. 그래서 이 법들을 지키지 않으면 온전한 하나님의 백성이 될 수 없다고 가르쳤을 것이다. 그리고 만약 이것이 금욕적인 삶과 연관이 있다면 영적인 성숙의 방법으로 이러한 법 준수를 중요하게 여기고 골로새 교회 성도들에게 요구했을 것이다.

22절_(이 모든 것은 한때 쓰이고는 없어지리라) 사람의 명령과 가르침을 따르느냐

바울은 거짓 교사(들)의 정결법과 음식법에 관한 규례를 준수하는 것은 별 의미와 소용이 없으며 하나님의 명령이 아니라 사람의 명령과 가르침에 기초하고 있음을 지적하면서 거짓 교사(들)의 가르침을 따르지 말라고 권고한다. "이 모든 것"은 "붙잡지도 말고 맛보지도 말고 만지지도 말라"라는 규례들을 가리킨다. 바울은 이런

규례들이 "한때 쓰이고는 없어지리라"라고 말하는데 이 말은 한 때 사용되었지만 나중에 무용지물이 되는 것을 의미한다. 유대교의 정결법과 음식법은 그림자와 같은 것인데 실체인 예수 그리스도가 나타나셨으므로 사라지는 것이라는 것이다. 고린도후서 3:7-11에 의하면 율법은 사라질 대상이다. 한 때 율법을 받을 때 모세의 얼굴에 있었던 영광도 사라진다고 말하는데 이것은 율법의 역할도 그리스도가 나타난 후에 사라질 것을 의미한다. 바울은 갈라디아서 3:20절에서 율법은 약속을 받으신 아브라함의 씨, 즉 그리스도께서 오실 때 까지 한시적으로 그 역할을 수행한 것에 불과하다고 주장한다. 그리스도가 오셔서 하나님의 약속을 성취하셨으므로 율법의 임시적 기능은 끝났다는 것이다(롬 10:4 참조). 바울에 의하면 정결법과 음식법 준수는 일시적인 소용은 있었지만 그 효력이 끝났으므로 이제 용도폐기된 것이다. 그러므로 역할을 다해 사라지는 규례들을 준수하지 말라는 것이다. 그리고 바울은 이 규례들이 사람들의 명령과 가르침에 근거하고 있다고 말한다. 여기서 바울은 아마도 마가복음 7:7-8("사람의 계명으로 교훈을 삼아 가르치니 나를 헛되이 경배하는도다 하였느니라. 너희가 하나님의 계명은 버리고 사람의 전통을 지키느니라")에서 나오는 예수님의 말씀에 기초하고 있는 것 같다. "붙잡지도 말고 맛보지도 말고 만지지도 말라"라는 가르침은 사람의 명령이지 하나님의 명령이 아니라는 것이다. 사실 음식법과 정결법과 같은 율법이 사람의 명령과 가르침에 근거하고 있다고 말하는 것이 놀랍다. 아마도 거짓 교사(들)의 가르침이 머리이신 예수 그리스도에 기초하고 있지 않기 때문에 사람들의 가르침이라고 한 것 같다. 이 말은 거짓 교사(들)의 가르침이 그리스도의 계시에 근거하고 있지 않으므로 이단적인 가르침이라는 점이 암시되어 있다.

23절 _ 이런 것들은 자의적 숭배와 겸손과 몸을 괴롭게 하는 데는 지혜 있는 모양이나 오직 육체 따르는 것을 금하는 데는 조금도 유익이 없느니라

바울은 정결법과 음식법에 관한 규례 준수는 자의적 숭배나 겸손, 그리고 금욕적 삶을 사는데 지혜로워 보이지만 사실 육신의 만족을 추구하는 것을 금하는 데 조금도 유익이 없다고 주장한다. "자의적 숭배"는 자의적으로 천사를 숭배하는 것 또는 천사가 하나님께 드리는 예배에 자의적으로 동참하는 것을 의미 한다. 위에서 지적한 대로 그것은 후자를 의미한다. "겸손"은 위에서 언급한대로 "자기부정 또는 금욕적 삶의 실천으로서의 금식을 지칭한다. "몸을 괴롭게 하는 것"은 금욕적 삶을 위해 몸을 가혹하게 학대하는 것을 의미한다. "육체 따르는 것"으로 번역된 '플레스모넨 테스 사르크스'(πλησμονὴν τῆς σαρκός)는 "육신의 충족"으로 번역할 수 있는데 이것은 인간의 악한 본성을 따른 정욕적인 만족을 의미한다. 아마도 거짓 교사(들)은 이런 규례들이 육신의 정욕을 제어하는데 소용이 있다고 믿었을 것이다. 그러나 바울은 정결법과 음식법에 관한 유대적 규례를 준수하는 것은 육신의 정욕을 제어하거나 해결하는데 별다른 가치와 효력이 없다고 주장한다. 바울에 의하면 "육신"으로 번역된 '사르크스'(σάρξ)는 죄성을 가진 인간의 악한 본성(human evil nature)으로서 인간을 다스리는 악한 세력이다. 그런데 유대교의 정결법과 음식법은 '사르크스'의 문제를 해결할 수 있는 능력이 없는 것이다. 그러므로 정결법과 음식법을 준수하려는 것은 아무런 소용이 없다는 것이다.

III. 메시지와 적용.

오늘날 왜 기독교는 음식법, 절기법, 정결법을 준수하지 않는가?

기독교 신자의 신앙과 삶의 규범인 성경에 구약성경이 포함되어 있다. 구약성경에는 모세오경(창세기, 출애굽기, 레위기, 민수기, 신명기)에 나오는 음식법, 절기법, 정결법 준수에 대한 내용이 담겨 있다. 그런데 왜 오늘날의 그리스도인은 이러한 법들을 준수하지 않는가? 그 이유는 신약성경에 기초하고 있다. 신약 성경의 빛으로 구약성경을 해석하는 기독교의 근본적인 해석원리에 근거하여 이러한 구약의 율법은 그리스도에 의해 성취되었으며 그 유효기간이 만료되었다고 보는 것이다. 그런데 이 해석원리가 바울서신을 중심으로 형성되었다. 사실 예수님은 음식법, 정결법, 안식일에 관한 법 일부를 당시 팔레스타인에 살았던 유대인들처럼 지키지는 않았지만 음식법, 절기법, 정결법 준수 자체를 부정하신 것은 아니었다. 예수님이 돼지고기를 드신다거나, 유월절을 지키지 않았다거나, 여자의 월경을 불결하지 않다고 하시지는 않았을 것이다. 예수님의 제자들도 예수님과 같은 입장을 가지고 있었을 것이다. 그리고 예루살렘 교회의 유대인 그리스도인들도 동일한 태도를 가졌을 것이다. 또한 바울사도도 유대인 그리스도인들과 어울릴 때는 유사한 입장을 견지했을 것이다. 그러나 바울은 이방인 그리스도인들에게 음식법, 절기법, 정결법을 요구해서는 안 된다고 강력하게 주장하였다. 이 주장은 예루살렘 종교회의에서 관철되었으며 그 결과 이방인 그리스도인들은 더 이상 그 법들을 준수하지 않아도 무방하게 되었다(행 15장). 그럼에도 불구하고 이방인 그리스도인들도 할례와 율법을 준수해야한다고 주장하는 유대주의적 유대인 그리스도인들인 있었다. 그들은 바울이 세운 교회들(갈라디아 교회, 빌립보 교회)에 들어가 할례를 받지 않거나 율법을 준수하지 않으면 하나님의 백성이 될 수 없다고 가르쳤다. 이러한 거짓 가르침에 대항하여 바울은 할례와 율법 준수가 아니라 오직 그리스도와 성령을 통한 하나님의 구원역사를 통해 하나님과 의로운 관계를 가질 수 있다고 주장하였다. 바울은 당시 유대인의 정체성 표지이며 생활의 규범인 음식법, 절기법, 정결법은 더 이상 그리스도인들의 정체성 표지와 생활 규범이 아니라고 주장한다. 그 근거는 율법이 실체가 아니라 그리스도가 실체라는 것이다. 바울에 의하면 율법은 사라질 그림자이며(고후 3:7-11; 참조 히 10:1) 그리스도께서 율법을 종결시키시고 완성하셨다(롬 10:4). 결론적으로 오늘날 신자들은 예루살렘 종교회의의 결론과 바울의 신학에 기초하여 음식법, 절기법, 정결법을 준수하지 않고 있다.

그런데 왜 예수님도 지키신 법들을 예수님의 제자들은 지키지 않아도 되는가라는 질문을 던질 수 있다. 마태복음 5:18에 의하면 예수님께서는 제자들에게 율법의 일점 일획도 결코 없어지지 아니하고 다 이루실 것이라고 말씀하셨다. 또한 마태복음 23:3에 의하면 서기관과 바리새인들이 말하는 바는 행하고 지키라고 예수님께서 무리와 제자들에게 말씀하셨다. 이와 같은 말씀에 기초하면 예수님을 따르는 제자들은 음식법, 절기법, 정결법을 준수해야 하는 것처럼 보인다. 그런데 여기서 주목해야 할 사실은 예수님의 말씀은 유대인 제자들에게 해당되는 말씀이다. 초기 기독교 시절에 마태복음의 독자는 예수님을 그리스도로 믿는 유대인들이었다. 유대인 그리스도인들은 예수님의 말씀을 따라 이러한 법들을 준수하였다. 이 사실은 음식법과 정결법을 지켰던 베드로에 의해 분명해 진다. 예수님께서 부활하시고 승천하신 후에도 유대인 그리스도인들은 이러한 법들을 준수하였을 것이다. 오늘날에도 나사렛 예수를 그리스도로 믿는 유대인들(Messianic Jews)은 이러한 법들을 준수하고 있다. 하지만 오늘날 신자들은 그러한 법들을 준수하지 않아도 되는 이유는 위에서 말한대로 예루살렘 종교회의의 결정과 바울의 율법에 관한 신학 때문이다. 복음이 이방인들에게 전파되면서 이방인 신자들에게도 음식법, 절기법, 정결법 같은 율법준수를 요구해야 하는가에 대한 문제가 제기되었다. 예루살렘 종교회의는 몇 가지 예외조항 준수 말고는 다른 율법준수를 요구하지 않기로 결정했다. 그리고 바울은 율법준수는 하나님의 언약백성의 정체성 표지와 하나님의 언약백성이 되는 조건도 아니라고 주장하며 이방인 신자들에게 그러한 법들을 요구하지 않았다. 음식법, 절기법, 정결법 준수가 하나님의 언약백성의 조건이 아니라 생활풍습으로 바뀌게 된 것이다. 유대인 신자들은 계속 그러한 법들을 지키는 것이 무방하며 이방인 신자들은 그러한 법들을 준수하지 않는 것도 무방하게 된 것이다. 음식법, 절기법, 정결법 준수가 기독교 내에서 비 본질적인 내용이 된 것이다. 그래서 오늘날 예수님을 메시아라고 믿고 이러한 법들을 준수하는 유대인 신자들이 이러한 법들을 지키지 않는 이방인 신자들을 죄인으로 취급하여 멀리하지 않는 것이다. 그리고 이방인 신자들도 이러한 법들을 준수하는 메시아닉 교회(Messianic Church) 신자들을 비방하거나 이단시하지 말아야 하는 것이다.

9.
땅의 것이 아니라 위의 것을 찾으라
(3:1-11)

I. 본문 개관

바울은 골로새 교회 성도들이 이단적 가르침의 영향을 받아 미혹되지 말라고 경고하기 위해서 이 서신을 기록했다. 바울은 골로새 교회 성도들에게 영적 성숙을 위한 기독교적 가르침을 전해 주고 있다. 골로새서 3:1-11은 그리스도와 함께 다시 살리심을 받은 골로새 교회 성도들은 땅의 것이 아니라 천상의 것을 추구하면서 살아야 한다는 바울의 권면을 담고 있다. 본문은 크게 두 단락으로 구성되어 있다. 첫째 단락인 1-4절은 신자는 그리스도와 함께 다시 살아 새로운 생명을 가졌기 때문에 위의 것들을 추구해야 함에 대한 내용이다. 둘째 단락인 5-11절은 신자는 부활을 통하여 옛사람을 벗어버리고 새사람을 입었기 때문에 땅에 있는 지체를 죽이며 옛사람의 행위를 벗어 버리는 삶을 살아야 한다는 권면에 대한 것이다.

1-4절은 땅의 것이 아니라 위의 것을 찾으라는 권고이다. 바울은

이 단락에서 세례를 통해 그리스도 함께 죽음에서 다시 살아나는 신비한 영적 체험을 한 신자들은 이 땅 중심의 세계관과 삶의 양식으로 더 이상 살아가지 말고 그리스도 중심 그리고 하늘 중심의 삶을 살아가야 한다고 권고한다. 추구의 대상이 세속적인 성적 탐욕과 물질에 대한 욕심이 아니라 하나님과 예수 그리스도가 계시는 하늘에 속한 영적 실재들을 추구하며 살아가야 하는 것이다. 신자의 삶은 하나님 중심적이어야 하며 저 높은 하늘을 향하여 나아가야 한다. 우리는 그리스도와 함께 살았고 그리스도께서 다시 오실 때 우리도 그와 함께 영광 가운데 나타나므로 땅엣 것들을 추구해서는 안 된다. 오히려 우리의 정체성과 미래의 삶이 하늘의 것으로 결정되었으므로 항상 우리는 하늘의 것들을 추구하며 살아야 한다.

5-11절은 새사람을 입었으므로 세속적 삶을 버리라는 바울의 권고이다. 신자는 옛사람을 벗어버리고 새사람을 입었기 때문에 땅에 있는 지체를 죽이며 옛사람의 행위를 벗어 버리는 삶을 살아야 한다는 것이다. 성도들은 음란과 부정과 사욕, 그리고 정욕과 탐심과 분, 악의, 훼방, 부끄러운 말, 거짓말 등 땅에 속한 것들을 죽여야 한다. 신자는 하나님의 형상을 회복하여 하나님을 아는 지식을 가진 자 이므로 옛사람의 정체성과 삶을 버려야 한다. 새사람으로 구성된 교회 공동체 내에는 인종적, 문화적, 사회적 차별이 없어야 한다. 세상의 중심은 그리스도이시며 그 분이 세상을 다스리고 계시며 그 분 중심으로 세상의 질서는 재편되었기 때문에 믿기 이전의 세계관은 무용지물이 되었으며 그리스도 중심의 새로운 가치관으로 살아가야 한다.

II. 절별 해설

1절 _ 그러므로 너희가 그리스도와 함께 다시 살리심을 받았으면 위의 것을 찾으라 거기는 그리스도께서 하나님 우편에 앉아 계시느니라

바울은 앞에서 말한 내용에 근거하여("그러므로") 골로새 교회 성도들에게 권면하고 있다. 바울은 이미 골로새서 2:12에서 그들이 세례(엄격히 말하면 침례)를 받음으로 예수 그리스도와 함께 장사되었고 죽은 자들 가운데서 예수 그리스도를 죽음에서 다시 일으키신 하나님의 역사를 믿음으로 말미암아 예수 그리스도와 함께 다시 살리심을 받았다고 말했었다. 언급한 바와 같이 세례는 예수 그리스도와 함께 죽었다가 다시 사는 것을 상징한다. 물속으로 잠길 때 옛사람은 죽었고 물속에서 올라올 때 새사람이 되었다. 그러므로 그리스도와 연합한 신자는 그리스도와 함께 다시 살아나 새로운 삶을 받았으므로 위의 것을 추구하는 새로운 삶을 살아야 한다. "위"는 하나님이 천상의 보좌에 앉아 계시고(히 8:1; 12:2 참조) 그 우편에 승귀된 그리스도가 좌정하는 곳이다(막 12:36; 행 2:34-35; 히 1:13 참조). 이 진술은 시편 110:1과 다니엘 7:9-14에 그 배경을 두고 있다. "위의 것"은 하나님이 계시는 하늘에 있는 영적인 것들은 말한다. 그것들은 성령의 열매들과 깊은 관련성이 있다. 갈라디아서 5:22-23에서 성령의 열매는 사랑과 희락과 화평과 오래 참음과 자비와 양선과 충성과 온유와 절제이다. 이러한 영적인 덕목들을 추구하는 것이 위의 것을 추구하는 것이다. 위의 것을 추구해야 하는 한 근거는 위에 그리스도께서 계신다는 것이다. 이 말은 주님

이신 예수 그리스도께서 하늘 위에 계시므로 하나님의 나라는 위에 있다는 것이다. 이것은 실재는 하늘에 있으므로 신자는 위의 것을 추구하며 그리스도를 중심으로 살아가야 됨을 암시한다. 그리스도께서 하나님 우편에 앉아계신다는 말은 하나님께서 그리스도를 존귀케 하셨고 그리스도께서 주님으로서 능력과 권세를 가지고 계심을 의미한다. 그리고 에베소서 2:6에 의하면 하나님께서 신자들을 그리스도와 함께 하늘에 앉히셨으므로 신자는 하늘에 있게 된 것이다. 그러므로 하늘에 있는 것들을 추구하며 살아갈 수밖에 없는 것이다.

2절 _ 위의 것을 생각하고 땅의 것을 생각하지 말라

바울은 다시 한 번 그리스도와 함께 다시 살리심을 받은 신자들은 "위의 것"을 생각하고 "땅의 것"을 생각하지 말라고 권고한다. "생각하다"는 단순히 지적으로 무엇을 머리에 떠올리는 것이 아니라 어떤 확고한 견해와 관점을 가지는 것을 의미한다. 골로새서 3:12-17에서 열거된 덕목들이 "위에 있는 것들"과 관련이 있는 것으로 보아 그것은 영적이고 기독교 윤리적 차원의 덕목을 포함한다. "땅의 것"은 원문에는 "땅 위에 있는 것들"을 말하는데 물질적 차원이 아니라 영적이고 윤리적 차원의 것들을 지칭한다. "땅"은 이 세상을 비유적으로 표현한 말이다. 골로새서 3:5-9에서 언급된 내용들이 "땅 위에 있는 것들"과 연관되어 있으므로 그것들은 이 악한 세상이 조장한 악한 덕목들을 가리킨다. 바울은 이러한 악한 것들에 마음을 두지 말라고 권고한다. 바울은 플라톤의 이원론 사상과 유사하게 "위의 것들"은 선하며 "땅의 것들"은 악하다고 생각하였다. 위는 하나님과 그리스도께서 계시는 곳이며 하늘나라가 존재하는 곳이다. 하지만 땅은 사탄, 마귀, 죄, 흑암, "세상의 요소들"이 활동하는 곳이다. 신자는 흑암에서 구출되어 하나님의 아들의 나라로 옮겨졌으므로 엄격히 말하면 이 세상에서 살아가고 있지만 악한 세력들이 지배하는 이 세상이 아니라 하나님의 아들의 나라에서 살아가고 있는 것이다. 그리고 영적으로 이 세상에 있는 것이 아니라 그리스도와 함께 그리스도께서 계시는 하늘에 있는 것과 같다. 그러므로 신자는 이 세상이 아니라 하늘에 속해 있으므로 하늘의 것들을 추구하며 살아야 하는 것이다.

3절 _ 이는 너희가 죽었고 너희 생명이 그리스도와 함께 하나님 안에 감추어졌음이라

바울은 골로새 교회 성도들이 "위의 것"을 생각하고 "땅의 것"을 생각하지 말아야 하는 이유를 밝힌다. 그 이유는 "너희가 죽었고 너희 생명이 그리스도와 함께 하나님 안에 감추어졌기" 때문이다. 바울은 다시 골로새 교회 신자들이 그리스도와 함께 죽었음을 강조한다. 과거형 동사 "죽었다"는 그들이 예수 그리스도를 믿어 세례를 받은 후 이 세상에서 살아온 "나"는 죽었다는 것이다. 바울은 갈라디아서 2:19에서 "나는 율법을 통해 율법에 대해서는 죽었습니다. 이는 하나님을 향하여 살기 위해서입니다. 나는 그리스도와 함께 십자가에 못박혔습니다"(필자 역)라고 말한다. 바울은 그리스도와의 연합을 통해 그리스도와 함께 십자가에 달려 죽은 경험을 비

유적으로 표현한다. 이 말은 회심 전 유대교 중심의 삶을 살았던 바리새인 바울은 그리스도의 십자가 위에서 죽었다는 것이다. 바울의 옛 자아가 그리스도와 함께 십자가에 못 박혀서 사라졌다는 것이다(롬 6:6). 바울의 말에 기초하면 골로새 교회 성도들이 세례 받기 이전의 자신들은 죽어 없어졌다는 것이다. 이것은 그들이 예수 그리스도를 믿기 이전에 가졌던 삶의 양식과 가치관과 단절되었음을 의미한다. 그래서 믿기 이전의 삶의 태도와 세계관으로 다시 돌아가지 말아야 한다는 것이다. 신자는 이전에 살았던 세상과 죄에 대하여 죽었으므로 이 세상이 아닌 하늘 중심으로 살아가야 한다. 골로새 교회 성도들이 "땅의 것"이 아니라 "위의 것"에 마음을 두어야 또 다른 이유는 골로새 교회 성도들의 생명이 그리스도와 함께 하나님 안에 감추어져 있기 때문이다. 그들은 그리스도와 함께 다시 살리심을 받았기 때문에 "생명"을 가지게 되었다. 이 생명은 하늘나라에서 누릴 영생뿐만 아니라 이 세상에서 그리스도와 함께 그리고 하나님 안에서 믿음을 가지고 살아가는 신자의 생명도 포함한다. 이 생명은 하나님 안에서 그리스도와 함께 감추어졌었지만 생명이며(골 3:4) 생명의 중개자이신 그리스도께서 나타나심으로 그리스도와 연합한 신자들은 생명을 구원의 선물로 받게 되었다. 옛 사람의 삶이 아니라 하나님과 그리스도 중심으로 사는 새사람의 삶을 누리게 되었다.

4절 _ 우리 생명이신 그리스도께서 나타나실 그 때에 너희도 그와 함께 영광 중에 나타나리라

바울은 골로새 교회 신자들이 위의 것을 찾아야 되는 또 다른

이유는 그리스도가 다시 오실 때 그분과 함께 영광 중에 나타날 것이기 때문이라고 말한다. 그리스도가 신자의 생명이란 말은 그리스도가 새 생명의 원천이라는 말이다. 그리스도의 부활을 통하여 그리스도와 연합한 신자는 부활의 생명을 얻게 되었다. 그리스도는 교회의 머리로서 신자들의 생명의 공급원이다. 그래서 죄로 말미암아 죽은 인간은 그리스도를 믿고 그분과 연합할 때 진정한 생명을 누릴 수 있다. 그리고 그리스도가 신자의 생명이라는 것은 그리스도가 신자에게 새로운 삶을 가져다주었다는 의미를 가진다. 그리스도가 신자의 새로운 삶의 중심과 전부가 되어야 한다. 그리스도께서 나타나신다는 말은 그리스도의 재림을 의미한다. 그리스도의 재림 신앙은 초기 기독교의 주요한 신앙이었다(막 13:26; 행 3:19-21; 고전 15:22 살전 4:15-17 참조). 바울은 그리스도께서 재림하실 때 신자가 그리스도와 함께 영광 중에 나타날 것이라고 말한다. 하나님께서 우리를 영화롭게 하시어 하나님의 존전에 거할 수 있도록 만드시며 우리의 썩을 육체를 썩지 않을 영적인 육체로 변화시키실 것이다. 하나님께서 신자들을 그리스도와 함께 하늘에 앉히실 것이다. 하나님께서 거하시는 하늘에서 존귀하게 되어 영원히 살 것이다. 이것이 땅의 것이 아니라 하늘의 것을 추구해야 하는 이유이다.

5절 _ 그러므로 땅에 있는 지체를 죽이라 곧 음란과 부정과 사욕과 악한 정욕과 탐심이니 탐심은 우상 숭배니라

바울은 신자가 그리스도와 함께 다시 살아났고 신자의 삶의 초

점이 하늘에 있기 때문에 땅에 있는 지체를 죽이라고 권면한다. 위에서 언급한 대로 "땅"은 악한 세력들이 다스리는 곳이며 "땅 위에 있는 지체"는 악한 세력들의 영향을 받은 인간들이 저지른 다양한 악들을 의미한다. "땅 위에 있는 지체"는 문자적으로 보다는 은유적으로 해석하여 신체의 기관이 아니라 신체의 기관으로 행하는 악한 행위들을 의미한다. 그것은 로마서 8:13이 언급하는, 신자가 죽여야 하는 "몸의 행실"과 일맥상통한다. 바울은 "땅 위에 있는 지체"를 윤리적 차원으로 이해하여 갈라디아서 5:19-21에 나오는 "육신의 열매"와 연관 지어 이해하였을 것이다. 음란과 부정과 사욕은 다 성적인 죄와 연관이 있다. 바울사도는 고린도전서 6:9에서 음란한 자나 간음하는 자나 탐색하는 자나 남색 하는 자는 하나님의 나라를 유업으로 받지 못한다고 말씀하고 있다(갈 5:19 참조). 정욕은 금지된 어떤 것을 추구하는 욕구를 탐심은 좀 더 많은 것을 가지려는 욕구를 뜻한다. 우상숭배 금지에 대한 유대교의 신앙은 십계명 제2계명에서 알 수 있다(출 20:4-5; 신 5:8-9). 탐심은 하나님이 아닌 다른 것들을 탐욕의 대상으로 만들어 그것들을 마치 신처럼 섬기는 것과 같기 때문에 우상숭배와 같은 것이다. 탐욕적인 삶은 하나님 나라를 유업으로 받지 못하게 만든다. 이 진리는 에베소서 5:5에서 확인된다: "탐하는 자 곧 우상숭배자는 다 그리스도와 하나님 나라에서 기업을 얻지 못하리니"(고전 6:10 참조). 신자는 음란과 부정과 사욕과 악한 정욕과 탐심과 같은 죄를 죽여야 한다. 마치 바울이 악한 세상을 십자가에 못 박듯이 신자는 이런 죄들을 십자가에 못 박아 다시는 살아 움직일 수 없도록 해야 한다. 죄를 쉽게 범하는 성향이 있는 인간은 이런 죄들을 죽이지 않으면 정욕의 노예가 될 수밖에 없다.

6절 _ 이것들로 말미암아 하나님의 진노가 임하느니라

바울은 성적으로 부도덕하고 우상숭배를 하는 자는 하나님의 심판을 받게 된다는 사실을 경고하면서 그것들을 추구하지 말 것을 권고한다. 음란과 부정과 사욕과 악한 정욕과 탐심과 같은 죄는 하나님의 진노를 유발한다. 이 점은 로마서 1:18에서도 발견된다("하나님의 진노가 불의로 진리를 막는 사람들의 모든 경건하지 않음과 불의에 대하여 하늘로부터 나타나나니"). 하나님의 진노는 하나님의 종말론적 심판을 수반하는 역사적 사건으로 묘사된 구약 전통에 근거를 두고 있다(사 13:9, 13; 스 1:15, 18; 2:2-3; 3:8; 단 8:19). 바울은 다른 곳에서도 이 전통에 근거하여 하나님의 진노를 종말론적인 어조로 표현한다(롬 2:5, 8; 3:5; 5:9; 살전 1:10; 5:9). 구약에 의하면 하나님의 진노는 하나님의 언약백성들이 하나님이 주신 계명들을 지키지 않고 우상숭배와 부도덕한 삶을 살 때 그들에게 주어지는 것이다(출 32:10-12; 민 25:1-4; 신 29:16-28). 탐람하는 자들은 하나님의 진노를 입어 하나님의 나라를 유업으로 받지 못한다. 하나님의 진노는 하나님을 인정하지 않고 하나님을 하나님으로 경배하지 않는 무지몽매한 인간들에게 주어지는 심판을 가져온다. 그러므로 신자는 이러한 땅에 있는 것들을 죽이지 않으면 하나님의 나라에 들어갈 수 없고 오히려 하나님의 진노를 받게 된다.

7절_ 너희도 전에 그 가운데 살 때에는 그 가운데서 행하였으나

바울은 예수 그리스도를 믿기 전 골로새 교회 성도들의 삶이 땅의 것들을 추구하는 삶이었음을 지적한다. 골로새 교회 성도들은 "그 가운데"라는 개역개정 번역은 "그들 가운데"로 고쳐 번역하는 것이 옳다. "그들 가운데"는 골로새 교회 성도들이 살았던 지역 주변의 사람들 가운데를 의미한다. "그들 가운데" 사는 것은 "세상 가운데" 사는 것과 유사하다(골 2:20). "그들 가운데서 행하였다"("그 가운데서 행하였다"는 개역개정 번역)는 말은 골로새 교회 성도들이 예수 그리스도를 믿기 전 그들이 속한 사회에서 그 사회의 지배적 세계관과 통념을 따라 행하였다는 것을 의미한다. 세속적 가치관과 삶의 방식대로 살아가는 사회 가운데 그 영향과 지배를 받으며 살아가는 삶은 회심 이전의 삶이다. 불신자는 부도덕한 삶을 조장하는 사탄의 영향을 받으면 정욕을 제어하기 어려운 것이다. 그리스도와 연합을 통한 세속사회에 대한 죽음과 하나님의 진노를 두려워하는 신앙이 없는 불신자는 세상의 흐름대로 살아 갈 수밖에 없는 것이다.

8절_ 이제는 너희가 이 모든 것을 벗어 버리라 곧 분함과 노여움과 악의와 비방과 너희 입의 부끄러운 말이라

바울은 골로새 교회 성도들의 세속적 삶을 살았던 시절과 완전히 다른 새로운 시절이 예수 그리스도와 함께 장사되고 부활하는 경험을 한 신자들에 열렸음을 상기시키면서 부도덕한 삶을 벗어버리라고 명령한다. "그러나 이제는"('누니 데'[νυνὶ δέ])은 하나님의 구

원 역사와 신자들의 세례를 통해 새롭게 펼쳐진 종말론적 시대를 의미한다(롬 3:21; 6:22; 골 1:22; 엡 2:13 참조). 새로운 시대에는 이전의 세상 중심적 가치관과 삶의 방식이 하나님과 하늘 중심의 것으로 완전히 전환되었음을 뜻한다. 새로운 종말의 시대에 신자들은 악한 세력들이 다스리는 이 세상에서 하나님의 아들의 나라로 이전하게 되었다. 그러므로 바울은 "분함과 노여움과 악의와 비방과 너희 입의 부끄러운 말"을 벗어버리라고 권고한다. "벗어 버리라"는 은유는 더 이상 불필요하고 거추장스런 옷을 벗어버리듯이 하나님과 하늘 중심의 삶을 살아가려는 신자들에게 더 이상 소용이 없는 것들을 내어 버리는 것을 의미한다. "이 모든 것들"은 다음에 나오는 악의 조목들을 가리킨다. "분"은 마음에 품은 화를 의미하며, 화를 내는 것은 남을 무시하며 인격을 모독하게 하는 악한 감정이다. 화를 내는 것은 육신의 열매이다(갈 5:20 참조). "악의"는 남을 중상모략하고 해롭게 하려는 악한 감정이다. 훼방은 남을 정당하지 않은 방법으로 중상모략하거나 비방하는 모욕적 언사를 가리킨다. "부끄러운 말"은 남을 욕하는 것과 음담패설을 일컫는 말이다.

9절 _ 너희가 서로 거짓말을 하지 말라 옛사람과 그 행위를 벗어버리고

바울은 계속하여 벗어버려야 할 것을 말하고 있다. 그는 골로새 교회 성도들에게 "너희가 서로 거짓말을 하지 말라"고 권고한다. 거짓말을 하는 것은 진리를 왜곡하는 거짓 행위이다. 남을 거짓말로 속이고 진실을 감추는 행위는 교회 공동체를 병들게 하며 인간

관계를 파멸로 인도한다. 또한 바울은 "옛사람과 그 행위를 벗어버리라"고 권고한다. "옛사람"은 예수 그리스도를 믿기 전의 사람을 의미한다. "옛사람"은 회심 이전의 사람으로서 세상 속에서 흑암과 "세상의 요소들"의 지배를 받으며 살았던 사람을 지칭한다. 침례를 통하여 그리스도와 함께 죽어 장사된 사람을 말한다. 바울의 표현을 빌리면 십자가에 그리스도와 함께 못박힌 자아를 지칭한다(갈 2:19-20). 바울은 하나님의 구원역사와 신자들의 세례를 통해 새롭게 펼쳐진 종말론적 시대 이전에 살았던 골로새 교회 성도들의 세속적 자아와 삶의 방식을 다 던져 버리라고 명령한다. 옛사람의 행위들은 앞에서 언급된 음란, 부정, 사욕, 악한 정욕, 탐심, 분함, 노여움, 악의, 비방, 부끄러운 말, 거짓말을 지칭한다.

10절 _ 새사람을 입었으니 이는 자기를 창조하신 이의 형상을 따라 지식에까지 새롭게 하심을 입은 자니라

바울은 골로새 교회 신자들이 그리스도와 함께 죽음으로 옛사람은 죽고 이제 그리스도와 함께 다시 살아남으로써 "새사람"을 입게 되었음을 언급한다. 이 사실이 세속적 자아와 삶을 포기하게 하는 신학적 이유이다. "새사람"은 "옛사람"과 대조된 사람이며 하나님의 형상이신 그리스도를 덧입은 사람이다. 그리스도와의 연합을 통해 그리스도 안에 거하는 신자는 새로운 하나님의 창조 질서 가운데 살아가는 새로운 피조물이 되었다(고후 5:17 참조). 그리스도가 그들의 삶 가운데 살아가는 새로운 인간이 되었다(갈 2:20 참조). "입는다"는 도덕적이며 신앙적인 특성을 취하는 것을 의미하는데, 아마도 바울은 신자들이 세례를 받을 때 옷을 입었던 점을 배경으로 말하는 것 같다. 새사람은 창조주 하나님의 형상을 따라 지식에까지 새롭게 되는 자이다. 이 말씀은 창세기 1장에 배경을 두고 있다. 아담이 하나님의 형상을 따라 창조되었지만 타락으로 인해 그 형상을 잃어 버렸다. 하지만 하나님의 형상이신 마지막 아담인 예수 그리스도를 통하여 신자는 하나님의 형상으로 새롭게 지어져 가는 것이다. 타락할 때에는 아담이 하나님에 대한 지식대로 행하지 않았지만 새사람은 하나님을 아는 참된 지식에 이른 자이다.

11절 _ 거기에는 헬라인이나 유대인이나 할례파나 무할례파나 야만인이나 스구디아인이나 종이나 자유인이 차별이 있을 수 없나니 오직 그리스도는 만유시요 만유 안에 계시니라

바울은 새사람으로 구성된 교회 공동체 내에는 인종적, 문화적, 사회적 차별이 없음을 강조한다. 그리스도께서 "헬라인과 유대인이나 할례당과 무할례당이나 야인이나 스구디아인이나 종이나 자유인" 사이의 차별을 다 무의미하게 만드셨으며 폐지시키셨다. 하나님께서 창조하신 새로운 질서가 오기 전에는 위와 같은 차별의 세계관이 옛사람의 관점과 삶을 지배했으나 새로운 질서와 그리스도 안에 살아가는 새사람에게는 이것들이 더 이상 소용과 효력이 없게 된 것이다(갈 3:28; 5:6; 6:15 참조). 갈라디아서 3:28에서 바울은 세례를 통해 그리스도와 연합함으로써 하나님의 아들이 된 신자들에게는 인종적, 신분적, 성적 차별이 없다고 주장한다("유대인이나 헬라인도 없고 종이나 자유인도 없고 남자나 여자도 없습니다"). 유대인과 이방인 사이의 차별은 유대인은 하나님의 언약백성이며 이방인은 죄인이요 언약 밖에 외인이므로 유대인은 구원을 받을 수 있고 이방인을 구원을 받을 수 없다는 인종적 장벽을 의미한다. "야인"은 발달된 문화가 없는 야만인을 가리킨다. 문화가 발달한 그리스인들은 그들이 듣기에 "바-바-바"("bar-bar-bar")라고 말하는 미개한 사람들을 "야인"(barbarian)으로 간주했다. 스구디아인(Scythians)은 흑해 북부 연안에 살았던 매우 난폭하고 야수와 같은 생활을 한 사람들이다. "종이나 자유인"은 사회적 신분의 차별을 의미한다. 종과 자유인 사이의 신분적 구분은 로마 제국의 기본적 사회구조였다. 하지만 그리스도와 함께 죽고 다시 살아난 교회 공동체는 그리스도의 몸 안에서 하나가 되었다(고전 12:13; 갈 3:28). 그리스도는 이러한 인종적, 문화적, 사회적 차별의 벽을 허무셨고 그 분 안에서 새로운 인류가 창조되었다(엡 2:14-15). 오직 그리스도는 만유시며 만유 안에 계신다는 말은 세상의 중심은 그리스도이시며 그 분이 세상을 다스리고 계시며 그 분 중심으로 세상의 질서가 재편되었음을 의미한다. 그리스도는 하나님과 동등하게 세상을 새롭게 재편하시고 유지하시는 분이므로(고전 15:28 참조) 그 분 안에는 그러한 차별과 장벽은 무의미하며 무력한 것이다.

III. 메시지와 적용

1. 하늘의 것을 찾는 삶

오늘날 세상 사람들은 하늘나라가 존재하지 않는다고 믿기 때문에 이 세상이 전부라고 생각한다. 그래서 세상에 속한 것들만 추구하며 살아간다. 그들은 하늘나라에 있는 축복에 대해서는 관심이 없다. 그리고 하나님을 믿지 않으므로 하나님이 성도들에게 원하시는 삶을 알지도 못한다. 그러나 우리는 그들과 달리 하늘에 속한 것들을 추구하여야 한다. 신자가 위엣 것을 추구해야 하는가 이유는 신자는 그리스도와 함께 다시 살리심을 받았기 때문이다. 우리는 죽은 자들 가운데서 예수 그리스도를 죽음에서 다시 일으키신 하나님의 역사를 믿음으로 말미암아 예수 그리스도와 함께 다시 살리심을 받았다. 세례는 예수 그리스도와 함께 죽었다가 다시 사는 것을 상징한다. 물속으로 잠길 때 옛사람은 죽었고 물속에서 올라올 때 새사람이 되었다. 하나님께서 신자의 죄를 예수 그리스도의 십자가를 통해 용서해 주셨기 때문에 신자는 다시 살아나 새로운 인간이 되었다. 그래서 바울사도는 "누구든지 그리스도 안에 있으면 새로운 피조물이라"라고 말씀하셨다. 우리는 예수 그리스도와 함께 죽어 그리스도와 함께 다시 살아난 새로운 인생이다. 바울사도는 "내가 그리스도와 함께 십자가에 못 박혔나니 그런즉 이제는 내가 산 것이 아니요 오직 내 안에 그리스도께서 사신 것이라 이제 내가 육체 가운데 사는 것은 나를 사랑하사 나를 위하여 자기 몸을 버리신 하나님의 아들을 믿는 믿음 안에서 사는 것이라"라고 고백하였다. 그러므로 그리스도와 함께 다시 살리심을 받아서 우리에게 주어진 새로운 삶을 받았으니 하늘의 것을 추구하는 새 삶을 살아야 한다. 신자는 하나님의 형상을 회복하여 하나님을 아는 지식을 가진 자 이므로 옛사람의 정체성과 삶을 버려야 한다.

2. 땅엣 것에 마음을 두지 말라

오늘날 안타깝게도 어떤 신자들은 세상의 것에 마음을 두고 그것들을 얻으려고 안간힘을 쓰고 있다. 땅엣 것은 육신의 열매를 말하는 것이다. "음행과 더러운 것과 호색과 우상숭배와 술수와 원수를 맺는 것과 분쟁과 시기와 분냄과 당 짓는 것과 분리함과 이단과 투기와 술 취함과 방탕함" 등이다. 우리는 이런 것들을 추구해서는 안 된다. 그 이유는 우리는 이미 이러한 육신적인 것들에 대해 죽었다. 더 이상 우리는 이런 것들과 관계를 맺어서는 안 된다. 그리고 우리는 그리스도와 함께 살았고 그리스도께서 다시 오실 때 우리도 그와 함께 영광 중에 나타나므로 우리는 땅엣 것들을 추구해서는 안 된다.

세례를 받은 신자들은 그리스도 함께 죽음에서 다시 살아나는 신비한 영적 체험을 하였고 이 경험을 한 신자들은 이 땅 중심의 세계관과 삶의 양식으로 더 이상 살아가지 않고 그리스도 중심 그리고 하늘 중심의 삶을 살아가야 한다. 추구의 대상이 세속적인 성적 탐욕과 물욕이 아니라 하나님과 예수 그리스도가 계시는 하늘에 속한 영적 실재들을 추구하며 살아가야 하는 것이다. 신자의 삶은 하나님을 최고로 삼는 삶이 되어야 한다. 그리고 저 높은 곳을 향하여 나아가야 한다. 우리는 그리스도와 함께 살았고 그리스도께서 다시 오실 때 우리도 그와 함께 영광 중에 나타나므로 우리는 땅엣 것들을 추구해서는 안 된다. 세상의 중심은 그리스도이시며 그 분이 세상을 다스리고 계시며 그 분 중심으로 세상의 질서는 재편되었기 때문에 믿기 이전의 세계관은 무용지물이 되었으며 그리스도 중심의 새로운 가치관으로 살아가야 한다. 신자의 정체성과 미래의 삶이 하늘의 것으로 결정되었으므로 항상 우리는 하늘의 것들을 추구하며 살아야 한다.

10.
거룩하고 사랑받는 자처럼 살라

(3:12-17)

I. 본문 개관

본문은 그리스도와 함께 다시 살리심을 받아 새사람을 입은 골로새 교회 성도들이 살아야 될 새사람의 구체적 삶을 담고 있다. 본문은 두 단락으로 구분 된다. 첫째 단락인 12-15절은 골로새 교회 성도들이 새사람으로서 긍휼, 자비, 겸손, 온유, 오래 참음과 같은 덕목을 가지라는 바울의 권고 내용을 담고 있다. 신자들은 하나님의 사랑과 택함을 받은 백성이요 거룩한 언약 백성이 되었다. 그러므로 성도들은 교회 공동체 내에서 불친절하고 무례하게 행동하는 사람들을 용납하고 용서해야 한다. 성도들은 그런 사람들을 사랑해야 하는데, 그 이유는 사랑이 그런 사람들과 연합하게하고 교회 공동체를 하나로 묶는 띠이기 때문이다. 또한 성도들은 그리스도의 평강이 그들의 마음을 주장하게 하고 하나님께 감사하는 자가 되어야 한다. 그리스도는 인종적, 문화적, 사회적 차별과 장벽을 허무심으로써 유대인과 이방인, 자유인과 종, 부자와 가난한 자 사이에 화목을 이루시어 인류에게 평강을 주셨다. 하나님은 신자들을 이 평강으로 초대하시어 그 평화를 누리게 하셨다. 이 평화가 신자들의 마음을 주장하게 하여 한 몸인 교회 공동체 안에 불화와 분열을 조장하지 말아야 한다.

둘째 단락인 16-17절은 하나님께 예배드리는 삶의 내용이 기술되어 있다. 신자는 예배를 드릴 때 말씀이 풍성하고, 지혜로 가르치며 권면하고, 시와 찬미와 신령한 노래로 하나님을 찬양하는 예배를 드려야 한다. 성도들은 예배뿐만 아니라 그들의 모든 삶의 부분에서 주 예수의 이름의 권위와 능력을 인정하며 그 분을 의지하여 하나님께 감사하는 삶을 살아야 한다. 하나님의 구원의 은혜에 대한 마땅한 응답으로 시와 찬미와 신령한 노래로 하나님을 경배해야 한다.

II. 절별 해설

12절 _ 그러므로 너희는 하나님이 택하사 거룩하고 사랑 받는 자처럼 긍휼과 자비와 겸손과 온유와 오래 참음을 옷 입고

바울은 앞에서 말한 내용을 근거하여("그러므로") 회심한 골로새 교회 성도들이 가져야 할 긍휼, 자비, 겸손, 온유, 오래 참음과 같은 기독교 윤리 덕목을 입으라고 권고한다. 바울은 유대인으로부터 "무할례당, 이스라엘 나라 밖의 사람, 약속의 언약들에 대하여 외인"(엡 2:12)으로 차별대우 받은 골로새 교회 성도들을 하나님의 택하심을 받은 자들, 거룩한 자들, 하나님으로부터 사랑받는 자들로 묘사한다. 원래 이스라엘 백성들에게 주어진 명칭들이 이방인 그리스도인들에게 주어졌다. 이제 골로새 교회 신자들은 하나님의 택하심을 받은 자들, 거룩한 자들, 하나님으로부터 사랑받는 자들이라는 새로운 신분과 정체성을 가진 자들로서 그것에 걸 맞는 긍휼과 자비와 겸손과 온유와 오래 참음이라는 덕목을 입어야 한다는 것이다. 그리스도를 옷 입었다는 은유는 그리스도가 새로운 신분과 삶을 규정함을 의미한다. 그리스도가 정체성 표지가 되며 신자가 그리스도를 나타내는 삶을 살아야 됨을 시사한다. 예수님은 지상 사역 동안에 이 덕목들을 보여 주셨다. 예수님께서 가난한 자, 병든 자, 소외당한 자들을 보시고 그들을 불쌍히 여기셨다. 그 분은 자비로우셔서 불쌍한 자들을 친절히 도와주셨다. 예수님께서 제자들의 발을 씻기시기 까지 겸손하셨다. 예수님께서 산상 수훈에서 온유한 자는 복이 있나니 저희가 땅을 기업으로 받는다고 말씀하셨다. 온유는 남을 부드러운 자세로 대하는 것인데 결코 연약한 모습은 아니다. 예수님은 고난을 인내하셨다. 긍휼과 자비와 겸손과 온유와 오래 참음의 삶은 그리스도를 본받는 삶이며 성령의 열매를 맺는 삶이다.

13절_누가 누구에게 불만이 있거든 서로 용납하여 피차 용서하되 주께서 너희를 용서하신 것 같이 너희도 그리하고

바울은 교회 공동체 내에서 남을 배려하는 마음이 없이 행동하는 사람들에게 불만을 가진 사람들은 그런 사람을 용납하고 용서하라고 권면한다. "불만"은 남의 잘못에 대한 불평과 원망을 의미하는데 서로에 대한 불평은 공동체를 무너뜨리게 만든다. 아무런 생각도 없이 무례하게 행동하는 사람들을 참고 이해하며 용납해야만 교회에 동정적이지도 않고 적개적인 환경에서 공동체로 존속할 수 있는 것이다. 또한 바울은 그런 사람들에게 은혜를 베풀라고 권면한다. "용서하다"로 번역된 '카리조마이'(χαρίζομαι)는 앞에서 본대로 "은혜를 베풀다"를 의미한다. 그 이유는 주님께서 성도들에게 은혜를 베푸셨기 때문이다. 여기서 주님은 그리스도 보다는 하나님을 가리킨다. 하나님께서 베푸신 은혜의 내용에는 용서가 포함된다. 우리는 주기도문에서 "우리가 우리에게 잘못한 사람을 용서하여 준 것 같이 우리의 죄를 사해 달라"고 기도한다. 예수 그리스도께서는 "우리가 남의 허물을 용서하면 하나님께서도 우리의 허물을 용서하신다"고 말씀하셨다(마 6:14). 그리고 베드로가 "주여 형제가 내게 죄를 범하면 몇 번이나 용서하여 주리이까 일곱 번까지 하오리까"라고 물었을 때 예수님은 "일곱 번 뿐 아니라 일흔 번씩 일곱 번이라도 할지니라"라고 말씀하셨다. 용서가 잘못으로 인해 사람들 사이에 놓인 벽을 허물 수 있고 갈라지고 상처 입은 관계를 회복시킨다.

14절_ 이 모든 것 위에 사랑을 더하라 이는 온전하게 매는 띠니라

바울은 위에서 말한 신자의 덕목들 위에 사랑을 더하라고 권면하는데 그 이유는 사랑이 교회 공동체를 하나로 묶는 띠이기 때문이다. 바울은 사랑을 최우선 덕목으로 여긴다(고전 13:13 참조). 이 점은 예수님의 가르침과 일맥상통한다. 예수님은 "이웃을 네 몸과 같이 사랑하고 원수를 사랑하라"고 말씀하셨다(마 5:44). 이 사랑은 예수 그리스도의 십자가 위에서 보여주신 희생적 사랑에 기초를 두고 있다(막 12:29-31 참조). 사랑은 불완전한 인간의 공동체를 완전히 화목한 공동체로 만들 수 있는 모든 덕목과 성품을 함축적으로 담고 있다. "사랑은 오래참고 사랑은 온유하며 시기하지 아니하며 사랑은 자랑하지 아니하며 교만하지 아니하며 무례히 행하지 아니하며 자기의 유익을 구하지 아니하며 악한 것을 생각하지 아니하며"(고전 13:4-5). 사랑은 "완전함의 띠"이라는 말은 사랑은 완전함에 이르게 하는 띠임을 의미한다. 사랑은 교회를 연합하고 단합된 신앙 운명 공동체를 형성시켜 완전한 영적 성숙으로 인도한다. 그러므로 신자는 네 이웃을 네 몸과 같이 사랑하라고 하신 예수님의 명령을 따라 이웃을 사랑해야한다. 그리고 사랑은 신앙 공동체인 교회를 하나로 만들기 때문에 사랑하는 삶을 살아야한다.

15절 _ 그리스도의 평강이 너희 마음을 주장하게 하라 너희는 평강을 위하여 한 몸으로 부르심을 받았나니 너희는 또한 감사하는 자가 되라

바울은 하나님의 언약 백성이 된 골로새 교회 신자들에게 그리스도의 평강이 그들의 마음을 주장하게 하고 하나님께 감사하는 자가 되라고 권면한다. "그리스도의 평강"은 그리스도가 신자들에게 예수 그리스도의 십자가의 피로 이룬 화평과 화목을 통해 주신 평안을 의미한다. 로마황제 아우구스투스가 로마에 평화를 가져왔다는 주장과 로마제국의 평화(pax Romanna)라는 선전문구가 지배적인 로마제국에서 그리스도가 평화를 가져왔다는 주장은 매우 놀랄만한 것이다. 군사적이고 경제적인 힘에 기초한 로마제국의 평화와는 달

리 예수 그리스도는 죄와 이 세상의 악한 세력, 즉 사탄의 권세 아래 있던 사람들을 해방시키셨고 죄로 인해 갈라졌던 하나님과 인간 사이를 화목하게 하심으로 세상이 줄 수 없는 평화를 신자들에게 주셨다. 바울은 이 평강이 개인적 경험과 생각의 중심인 마음을 주장하게 하여 공동체의 평화를 이루라고 권고한다. 하나님은 골로새 교회 신자들을 평강으로 부르셨다. 평화는 인간 자신의 노력이 아니라 하나님의 역사와 초대로 주어지는 것이다. 하나님과 화해하여 수직적으로 이루어진 화목은 인간과 인간 사이의 수평적 화목으로 이어진다. 하나님은 그리스도를 통하여 인종적, 문화적, 사회적 차별과 장벽을 허무심으로써 언약백성과 이방인, 강자와 약자, 자유인과 종, 부자와 가난한 자, 유식한 자와 무식한 자 사이에 화목을 이루시고 한 새 인류를 창조하셨다(엡 2:15 참조). 이 새 인류가 한 몸과 지체가 되어 존재하는 곳이 교회이다. 교회에 평강이 없고 분열과 싸움이 있다면 이는 신앙공동체인 교회를 파괴하는 것이며 그리스도의 평화를 무시하는 처사이다. 또한 신자들은 하나님의 구원의 은혜와 축복을 기억하고 하나님께 감사드리는 삶을 살아야 한다. 그 감사의 표시로 우리는 하나님과 예수님을 경배해야 한다.

16절 _ **그리스도의 말씀이 너희 속에 풍성히 거하여 모든 지혜로 피차 가르치며 권면하고 시와 찬송과 신령한 노래를 부르며 감사하는 마음으로 하나님을 찬양하고**

바울은 골로새 교회 신자들에게 천사들이 하나님께 드리는 예배에 동참하는 것 대신 하나님을 직접 예배하는 것에 대한 내용을 기술하고 있다. 신자의 예배의 요소들이 잘 나타나 있다. "그리스도의 말씀"은 그리스도에 관한 말씀, 즉 복음을 지칭한다. 복음은 교회 공동체 안에 항상 존재해야 하며 예배의 중요한 요소이다. 개신교는 말씀 선포를 예배의 핵심으로 간주한다. 그리스도에 관한 말씀은 신자의 영적 성숙과 하나님과 그리스도를 아는 지식의 성장의 자원이다. 말씀이 역사하여 신자의 삶을 변화시키고 주님의 뜻대로 살아갈 수 있는 능력을 준다. 주님의 말씀이 또한 교회의 모든 법도와 신앙생활의 기준이 되어 교회의 질서를 유지하게 한다. 그러므로 신자들은 주님의 말씀을 읽고 듣고 배우기를 사모하여 영적으로 성숙한 신앙생활을 하며 주님의 말씀을 순종하며 살아가야 한다.

두 번째 신자의 예배의 요소는 모든 지혜로 피차 가르치며 권면하는 것이다. "모든 지혜"는 신자들이 하나님의 계시하신 복음과 그리스도에 관한 말씀을 배움으로써 습득한 모든 지혜를 의미한다. 신자는 하나님의 말씀인 성경 속에 담긴 모든 지혜를 가지고 성도들을 가르치고 권면해야한다. 예배의 세 번째 요소는 시와 찬미와 신령한 노래로 하나님을 찬양하는 것이다. "시"는 다윗의 시편처럼 하프 연주에 붙여진 노래를 가리킨다. "찬미"는 신들이나 영웅들을 찬양하는 노래이다. "신령한 노래"는 성령의 감화로 불러진 노래를 말한다. 예배의 네 번째 요소는 감사하는 마음으로 하나님을 찬양하는 것이다. 신자는 하나님의 은혜가 너무나 위대하고 감사하여 그 은혜에 대한 마땅한 응답으로 시와 찬미와 신령한 노래로 하나님을 경배해야 한다. 신자는 찬양을 통해 하나님께 감사를 드리고 그 분의 위대하심을 높이 찬미하여 그 분께 영광을 돌려야 한다.

이러한 찬양의 제사가 하나님을 기쁘시게 하며 우리의 예배를 받으시고 하나님께서는 우리에게 복을 주신다.

17절 _ 또 무엇을 하든지 말에나 일에나 다 주 예수의 이름으로 하고 그를 힘입어 하나님 아버지께 감사하라

바울은 골로새 교회 신자들에게 예배뿐만 아니라 신자의 모든 삶의 부분에서 주 예수의 이름의 권위와 능력을 인정하며 그 분을 의지하여 하나님께 감사하라고 권면한다. 하나님께 드리는 찬양, 경배, 그리고 감사는 일상의 삶으로 하나님께 드리는 "산 제사"와 (롬 12:1-2) 밀접한 상관관계가 있다. "말에나 일에나"는 신자의 언어생활과 행동을 일컫는 삶의 전 영역을 의미한다. 예수님이 주님이라는 말은 예수님이 하나님의 권위와 능력을 가지고 있음을 의미한다(고전 8:6). "이름"은 어떤 사람의 권위와 명성과 능력을 인정하고 알리는 방법으로 불리고 사용된다. "주 예수의 이름으로"는 축귀와 치유(막 9:38; 행 3:6; 4:10) 그리고 세례를(행 2:38; 10:48) 행할 때 사용된다. 예수를 주로 신앙 고백하는 신자들은 주되신 예수 그리스도의 권세 아래 있음을 인정하는 것이며 또한 그 분의 권위와 능력을 의지하여 기사를 행할 수 있는 사역자들이다. 신자는 주 예수의 권위와 능력을 인정하며 의지하면서 모든 삶을 살아가야 한다. 마지막으로 바울은 중보자 되신 주 예수 그리스도를 통하여 하나님께 감사하라고 권고한다. 신자는 무엇을 하든지 항상 하나님께 감사를 드리는 마음으로 살아야 한다.

III. 메시지와 적용.

새사람의 구체적 삶

우리는 하나님이 우리를 그리스도 안에서 새로운 피조물로 창조해 주셨기 때문에 새사람이 되었다. 이 새사람은 아담의 범죄로 말미암아 잃어버렸던 하나님의 형상을 다시 회복하여 지식에 까지 새롭게 하심을 받은 자이다. 그리고 우리는 하나님이 택하신 거룩하고 사랑스런 하나님의 백성이다. 그러므로 우리는 새사람의 삶을 살아야 한다. 그러면 어떤 삶이 새로운 삶인가?

가. 긍휼과 자비와 겸손과 온유와 오래 참음의 삶

긍휼과 자비와 겸손과 온유와 오래 참음과 같은 덕목은 예수님께서 보여주신 것들이다. 완전하고 흠 없는 인간으로서 예수님은 지상사역 동안에 이 덕목들을 보여 주셨다. 우리도 예수님과 같이 이 덕목들을 실천해야할 것이다. 우리는 예수님께서 가난한 자, 병든 자, 소외당한 자들을 보시고 그들을 불쌍히 여기셨다. 그리고 동병상련하는 마음으로 그들을 긍휼히 여기시고 도와주셨다. 우리도 주위에는 약하고 어려운 사람들이 있다. 그들을 우리는 긍휼히 여겨 도와주어야 한다. 교회적으로 개인적으로 그들의 필요를 채워주는 우리가 되어야 할 것이다. 우리는 남에게 항상 친절하여야 한다. 남을 사랑으로 대하여 그들이 소외감을 느끼지 않도록 따뜻하게 대해주어야 한다. 특히 교회에 새로 나오는 초신자들을 환영하고 그들을 한 믿음의 식구같이 따뜻하게 대해주어야 한다. 우리는 또한 겸손하여야 한다. 많은 사람들이 높아져서 섬김을 받으려고

하는 이 세상에서 남에게 자신을 낮추는 일은 그리 쉽지 않다. 그러나 예수님께서 제자들의 발을 씻기시면서 까지 겸손하신 것처럼 우리도 자신들을 낮추어야한다. 겸손은 나중에 존경함을 받게 하지만 교만은 패망으로 인도한다. 우리는 온유해야 한다. 예수님께서 산상 수훈에서 "온유한 자는 복이 있나니 저희가 땅을 기업으로 받는다"고 말씀하셨다. 온유는 남을 부드러운 자세로 대하는 것인데 결코 연약한 모습은 아니다. 그리고 온유는 절도가 없는 상태도 아니다. 우리는 인내해야 한다. 사랑은 오래 참는다. 남의 잘못을 즉시로 지적하지 않고 오래 참아 이겨낸다. 우리는 환난과 고통 중에도 인내하여야한다. 연약하고 게으르고 낙심한 사람들을 인내로서 대해야 한다. 하나님께서 우리에게 인내하시는 것처럼 우리도 남들에게 인내해야 한다. 마지막 결실이 주어질 때까지 기다리고 참아야 한다. 인내하는 자가 최후에 승리하는 것이다. 긍휼과 자비와 겸손과 온유와 오래 참음의 삶은 성령의 열매를 맺으며 살아가는 삶이다. 이러한 열매를 맺으며 살아가는 삶이 성령이 충만하고 새로운 삶이다.

나. 용서와 사랑 평강과 감사의 삶

우리는 서로 용서해야 한다. 하나님이 우리의 죄를 예수 그리스도를 통하여 용서하신 것처럼 우리도 서로의 죄와 잘못을 용서해야 한다. 용서가 잘못으로 인해 사람들 사이에 놓인 벽을 허물 수 있고 갈라지고 상처 입은 관계를 회복시킨다. 우리는 "네 이웃을 네 몸과 같이 사랑하라"고 하신 예수님의 명령을 따라 이웃을 사랑해야 한다. 더구나 예수님은 원수를 사랑하라고 말씀하셨다(마 5:44).

우리는 예수 그리스도의 사랑을 본받아서 이웃을 사랑해야 한다. 그분은 우리를 위하여 생명을 주신 분이시다. 그분이 우리를 사랑하신 것처럼 우리도 이웃을 사랑해야 한다. 예수님께서 "너희 원수를 사랑하며 너희를 핍박하는 자를 위하여 기도하라 이같이 한즉 하늘에 계신 너희 아버지의 아들이 되리니"라고 말씀하셨다. 원수를 사랑하고 핍박하는 자를 위하여 기도하는 삶이 하나님의 아들이 되는 복을 받게 한다는 진리를 명심하여 이웃을 사랑하는 삶을 살아야 한다. 그리고 사랑은 신앙공동체인 교회를 하나로 만든다. 우리는 또한 그리스도의 평강이 우리 마음을 주장하게 해야 한다. 예수님은 우리에게 세상이 줄 수 없는 평화를 주셨다. 죄와 이 세상의 악한 세력 사탄의 권세 아래 있던 우리들을 해방시켜 주셨다. 죄로 인해 갈라졌던 하나님과 우리 사이를 화목하게 만드셨다. 우리에게 하늘나라로 가는 확신을 주셨다. 사람과 평화할 수 있는 사랑과 용서의 모범을 보여 주셨다. 그리고 그 분은 지금도 살아계셔서 우리를 돌보시는 주님이시다. 그러므로 우리는 불안해 떨며 염려할 필요가 없다. 그리고 우리는 갈라진 인간관계를 주님의 평화로 회복시켜야 한다. 주님의 평화는 우리를 단결하게 만든다. 우리는 이 평강을 위하여 교회라는 믿음 공동체로 부르심을 받았다. 교회에 평강이 없고 분열과 싸움이 있다면 이는 신앙공동체인 교회를 파괴하는 것이며 주님의 평화를 무시하는 처사이다. 그리고 우리는 감사하는 삶을 살아야 한다. 하나님께서 우리에게 구원의 은혜를 주신 것에 대해 감사하고 예수 그리스도의 사랑에 감사해야 한다. 그 감사의 표시로 우리는 하나님과 예수님을 경배해야 한다. 그리고 우리는 우리를 도와주고 사랑해주는 사람에게 감사해야 한다.

다. 말씀이 풍성하고, 지혜로 가르치며 권면하고, 시와 찬미와 신령한 노래로 하나님을 찬양하는 삶

그리스도의 말씀이 우리들 가운데 풍성하게 하는 것은 우리가 새로운 삶을 영위하는 데 너무 중요하다. 성도들은 세상의 가르침을 따르지 않고 주님의 말씀을 따라 살려하는 사람들이다. 주님의 말씀이 역사하여 우리의 삶을 변화시키고 주님의 뜻대로 살아갈 수 있는 능력을 준다. 주님의 말씀이 또한 교회의 모든 법도와 신앙생활의 기준이 되어 교회의 질서를 유지하게 한다. 주님의 말씀이 우리의 영적생활을 성숙하게 만들며 교회를 건강하게하고 성장하게 한다. 그러므로 성도들은 주님의 말씀을 듣고 배우기를 사모하여 영적으로 성숙한 신앙생활을 하며 주님의 말씀을 지키며 살아가야 한다. 하나님께서는 성도들에게 지혜를 주셨다. 하나님을 아는 것이 지혜의 근본이다. 그러므로 하나님의 말씀인 성경 속에 담긴 모든 지혜를 가지고 성도들을 가르치고 권면해야 한다. 또한 우리는 시와 찬미와 신령한 노래로 하나님을 찬양하는 삶을 살아야 한다. 하나님의 은혜와 그리스도의 사랑이 너무나 위대하고 감사하여 그 표시로 우리는 시와 찬미와 신령한 노래로 하나님을 찬양해야 한다. 찬양은 하나님을 경배하는 수단이다. 우리는 찬양을 통해 하나님께 우리의 감사와 사랑을 드리고 그 분의 위대하심을 높이 찬미하여 그 분께 영광을 돌려야 한다. 이러한 찬양의 제사가 하나님을 기뻐하시게 하며 우리의 찬양을 받으시고 하나님께서는 우리에게 복을 내려 주신다.

11.
그리스도인 가정에서의 올바른 삶

(3:18-4:1)

I. 본문 개관

본문은 그리스도인 가정에서 성도들이 살아야 할 올바른 삶을 기술하고 있다. 바울은 회심한 골로새 교회 신자들에게 가정에서 새사람의 모습을 보일 것을 권고한다. 남편과 아내와의 관계와 부모와 자식과의 관계, 그리고 종과 주인의 관계가 설명되어 있다. 본문은 세 단락으로 구분 된다. 첫째 단락인 18-19절은 부부관계의 규정을 취급한다. 그리스도인 아내는 그리스도인 남편에게 복종하는 것이 주 안에서 마땅한 것이다. 그리스도 안에서 아내와 남편 사이의 차별은 없지만 기능적 구분과 가정 내의 위계질서는 존재한다. 남편은 아내의 머리이며 아내는 교회가 주 예수 그리스도께 복종하듯이 남편을 섬겨야 한다. 이 섬김은 굴종의 섬김이 아니라 창조 질서에 근거한 자발적 순종이다. 이 순종이 남편을 존경하고 사랑하는 기독교적 표시이다. 남녀평등의 사회 속에서 이 말씀을 준수하는 것은 그리스도인 아내의 선택의 사항이 아니라 주 안에서 살아가는 아내들의 의무 사항이다. 그리스도인 남편은 그리스도인 아내를 그리스도가 교회를 희생적으로 사랑한 것 같이 그렇게 사랑해야 한다. 또한 남편은 아내에 대한 자신의 책임과 의무를 망각하고 자신이 가진 권한을 무자비하게 행사하여 아내의 굴종을 강요하고 그녀를 가혹하게 대하는 폭군 남편이 되지 말아야 한다.

둘째 단락인 20-21절은 자녀가 부모를 대하는 태도와 아버지가 자녀들을 대하는 태도를 언급한다. 그리스도인 자녀들은 그리스도인 부모에게 모든 일에 순종해야 한다. 자녀가 부모를 순종하는 것은 하나님의 뜻이며 하나님의 뜻을 이뤄 드림으로써 하나님을 기쁘게 해 드리는 것이다. 기독인 아버지들은 아버지로서 가진 권한을 악용하거나 남용하여 자녀를 학대하여 격노하게 만들지 말아야 한다. 아비들이 자녀를 화나게 하지 말아야 하는 이유는 아버지가 자녀를 잘못 대하여 비탄에 빠지게 하면 그들은 용기를 잃고 낙심하게 될 것이기 때문이다.

셋째 단락인 3장 22절부터 4장 1절은 종들이 주인을 대하는 태도가 기술되어 있다. 그리스도인 종들은 그리스도인 주인에게 전심으로 성실한 마음으로 순종해야 한다. 그리스도 안에서 종과 자유자의 차별은 없지만 종의 기능과 책임은 있다. 바울은 로마의 노예제도를 공격하지도 찬성하지도 않는다. 그러나 종들은 자신들의 주님이신 그리스도를 존경하고 경외하듯이 육신의 주인들을 마음을 다하여 섬겨야 한다. 주님을 섬기는 보상으로 천국을 기업으로 받을 것을 소망하면서 종으로서의 책무를 다해야 한다는 것이다. 하나님은 공평하신 분이시며 행위대로 심판하시는 분이시기 때문에 종들은 주인에게 불성실하거나 불충성하지 말아야 한다.

II. 절별 해설

18절_아내들아 남편에게 복종하라 이는 주 안에서 마땅하니라

바울은 교회 안의 모든 여인들이 아니라 남편을 둔 아내들에게 남편에게 복종하라고 권면한다. 모든 여자 신자들이 남자 성도들에게 순종할 것을 명령하는 것은 아니다. 또한 이 말씀은 하나님 앞과 그리스도 안에서 남녀 간의 차별이 있어 남편은 우등하고 아내는 열등하기 때문에 아내가 남편을 순종하는 것이 당연하다고 말하는 것도 아니다. 오히려 남편과 아내는 다 하나님의 언약백성이요 성도이며 남자와 여자 사이에 차별이 없다(갈 3:28 참조). 그럼에도 바울은 교회가 주 예수 그리스도에게 복종하듯이 남편에게 복종하라고 권고한다(엡 5:21, 24). "복종"은 굴욕적 복종이 아니라 자발적 순종을 의미하며 아내가 남편을 섬기는 마음으로 남편에게 순복하는 태도를 가리킨다. 이러한 권면은 유대와 로마의 가부장적 풍습과 매우 다르다. 고대 근동 지역과 지중해 연안 세계의 문화에 의하면 남자가 가정의 수장이었으며 모든 가정 구성원들은 가부장에게 복종하는 것이 당연시 되었다. 남편은 아내를 지도했으며 아내보다 우등한 위치에 있었다. 그러나 그리스도 안에서 새 생명을 얻은 그리스도인 아내와 남편의 사이는 이와 같은 가부장적 문화를 초월하여 그리스도를 닮은 새로운 관계가 되었다. 아내는 남편이 힘과 지위가 있어서가 아니라 겸손히 남편을 섬기는 마음으로 순복하는 것이다. 바울은 이것이 주안에서 합당하다고 말한다. "주 안"은 신자의 존재의 영역이며 신자의 삶을 규정한다. 아내들이 남편에게 복종하는 것이 주 안에서 마땅하다는 말씀은 주님께서 다스리는 영역 안에서 주님과 연합한 신자들이 주님이 보여주신 모범을 따라 살아가는 것이 합당하다는 것을 의미한다. 예수 그리스도께서는 성도들을 새사람으로 만드시고 그들에게 아내와 남편 사이의 관계에 대한 새로운 질서를 주셨다. 그 새로운 규정은 아내와 남편 사이의 상호 복종이다(엡 5:21). 남편과 아내가 다 같은 하나님의 백성이며 그리스도 안에서 한 몸이므로 서로가 서로를 일방적으로 지배하거나 굴종시켜서는 안된다는 것이다. 오히려 서로를 사랑하고 존중하는 마음으로 아내는 남편에게 순종하라는 것이다. 남편에 대한 구체적인 권면은 19절에 나와 있다.

19절 _ 남편들아 아내를 사랑하며 괴롭게 하지 말라

바울은 아내의 자발적 순종을 받은 남편들은 아내를 사랑하며 괴롭게 하지 말라고 권고한다. 아내에 대한 남편의 사랑은 그리스도가 교회를 향한 사랑에 그 근거를 두고 있다. 그리스도는 교회를 위하여 자신의 몸을 주심으로 희생적 사랑을 보이셨다(엡 5:25, 29). 남편은 자기에게 주어진 권위와 권한을 남용하지 말고 도리어 아내를 사랑하고 돌보는 책임을 다해야 한다는 것이다. 또한 남편은 아내를 괴롭게 하지 말아야 한다. "괴롭게 하다"는 어떤 사람을 가혹하게 대해 불쾌하고 쓰라리게 만드는 것을 의미한다. 약자들을 무자비하고 가혹하게 취급하여 그들을 곤고하게 하여 비탄에 빠지게 만드는 것은 폭군의 특징이다. 남편이 가정에서 자신의 책임과 의무를 망각하고 자신이 가진 힘과 권한을 무자비하게 행사하여 아내의 굴종을 강요하고 그녀를 가혹하게 대하는 행위는 기독인 남편의 올바른 행동이 아니다. 남편이 아내의 머리라는 말은 남편이 아내를 힘과 권위로 다스리는 것이 아니라 남편이 아내의 필요에 대한 공급의 원천이라는 것을 의미한다. 그리스도께서 교회를 보양함과 같이 남편의 지체인 아내를 사랑하고 보호해야 한다. 에베소서 5:25-29에 잘 나타나 있다: "남편들아 아내 사랑하기를 그리스도께서 교회를 사랑하시고 그 교회를 위하여 자신을 주심 같이 하라. 이는 곧 물로 씻어 말씀으로 깨끗하게 하사 거룩하게 하시고 자기 앞에 영광스러운 교회로 세우사 티나 주름 잡힌 것이나 이런 것들이 없이 거룩하고 흠이 없게 하려 하심이라. 이와 같이 남편들도 자기 아내 사랑하기를 자기 자신과 같이 할지니 자기 아내를 사랑하는 자는 자기를 사랑하는 것이라. 누구든지 언제나 자기 육체를 미워하지 않고 오직 양육하여 보호하기를 그리스도께서 교회에게 함과 같이 하나니." 아내에 대한 남편의 사랑은 이웃을 네 몸과 같이 사랑하라는 그리스도의 사랑의 계명에 기초하고 있다. 자신의 몸을 괴롭게 하는 사람이 없듯이 자신과 한 몸인 아내를 괴롭게 할 수는 없는 것이다.

20절 _ 자녀들아 모든 일에 부모에게 순종하라 이는 주 안에서 기쁘게 하는 것이니라

바울은 그리스도인 부모를 둔 골로새 교회의 어린 자녀들에게 모든 일에 부모에게 순종하라고 권고한다. 로마법에 의하면 어린 자녀들은 아버지의 권세 아래 있었고 아버지에게 속한 재산과도 같았다. 정식으로 입양 절차를 밟기 전에는 아버지의 재산과 신분을 상속받을 수 없었다. 자녀들이 부모를 순종하는 덕목은 유대인만의 것은 아니지만, 바울은 십계명의 제5계명에 근거하고 있는 것이 분명하다(엡 6:1-2; 참조 출 20:12). 모세 율법은 부모에게 불순종하는 아들을 돌로 쳐 죽이라고 명시하고 있다(레 20:9; 신 21:18-21). 자녀들에게 요구된 순종은 자발적 순종이 아니라 절대적 복종을 가리킨다. 마치 신자가 예수 그리스도와 복음에 절대적으로 복종해야 하는 것과 같이 자녀는 부모에게 완전히 순종해야 하는 것이다. "모든 일"은 좋은 일이든 나쁜 일이든 상관없는 아무런 것이 아니라 부모님이 자녀를 위하여 말하는 것들을 의미한다. 이 순종의 근거는 "주 안에서 기쁘게 하는 것이니라"이다. "주"는 신자의 주님이신 예수 그리스도를 가리킨다. "주 안에서"는 신자의 정체성과 삶이 존재하는 영역이며 모든 행위의 근거와 정당성을 제공한다. 누구를 기쁘게 하는지는 분명하게 나와 있지 않다. 그리스도 또는 하나님이 그 대상일 수 있는데 문맥상 그리스도가 주로 나와 있기 때문에 그리스도로 보는 것이 옳다. 자녀가 부모를 순종하는 것은 하나님의 계명이며 하나님의 계명을 순종하는 것은 주님을 기쁘게 해 드리는 것이다. 기독인 자녀들은 무엇을 하든지 주 예수의 이름으로 해야 하는데 특히 부모에게 순종하는 것이 주님을 즐겁게 해 드리는 것이다.

21절 _ 아비들아 너희 자녀를 노엽게 하지 말지니 낙심할까 함이라

바울은 골로새 교회의 기독인 아버지들에게 자녀를 노엽게 하지 말라고 권고한다. 위에서 언급한 바와 같이 고대 지중해 연안 지역의 문화는 가부장적 문화로서 아버지는 어린 자녀들에 관해 전적인 권한을 가지고 있었다. 아버지는 대체로 자녀를 엄하게 대하였다. 이러한 문화적 환경에 있는 골로새 교회 기독인 아버지들에게 자녀를 노엽게 하지 말라는 바울의 권면은 부자연스러워 보인다. 바울에 의하면 그들은 자녀의 순종을 받을 권한이 있지만 그 권한을 악용하거나 남용하여 자녀를 부당하게 대하여 자녀를 분개하도록 해서는 안 된다. 이 권고에는 아버지의 권한의 행사보다는 책임에 더 무게를 두어야 함이 암시되어 있다. "노엽게 하다"는 부정적인 의미로 사용되어 "분개하게 하다" 또는 "격노케 하다"를 뜻한다. 골로새 교회의 어린 자녀들은 부모들의 기독교 신앙을 따라 신자가 되었지만 기독교 신앙과 다르고 때로는 교회에 대해 적대적인 사회 속에서 신앙인으로 살아가는 것이 어려웠을 것으로 추측할 수 있다. 이런 상황에서 아비가 자녀에게 무리한 요구를 하며 가혹하게 대한다면, 그들은 격노하게 되어 신앙을 버릴 수도 있었을 것이다. 아비들이 자녀를 노엽게 하지 말아야 하는 이유는 아버지가 자녀를 잘못 대하여 비탄에 빠지게 하면 그들은 용기를 잃고 낙심하게 될 것이기 때문이다. 아비들은 자녀들의 용기를 북돋아 주고 사랑으로 돌봐 줄 때 힘과 신이 나서 적대적 세상 가운데서 기독교인의 정체성과 신앙을 잃지 않고 살아 갈 것이다.

22절 _ **종들아 모든 일에 육신의 상전들에게 순종하되 사람을 기쁘게 하는 자와 같이 눈가림만 하지 말고 오직 주를 두려워하여 성실한 마음으로 하라**

바울은 기독교 가정에서 일하는 기독교인 종들에게 주인에게 책임을 다하라고 권면한다. 당시 로마 사회에서 신자의 가정에 종들이 있었고 종들은 주인의 재산으로 간주되었다. 골로새 교회 내에 종들을 둔 기독교인 주인들이 있었다는 사실을 골로새서 4:1과 주인 빌레몬과 종 오네시모의 관계에서(빌레몬서 참조) 확인된다. 바울이 오네시모를 돌려보내면서 골로새서를 함께 전달했기 때문에 오네시모의 경우를 염두에 두고 이 내용을 기록했을 가능성이 있다. 바울은 골로새 교회 내의 그리스도인 종들에게 "종들아"라고 부른다. "성도들아"가 아니라 "종들아"라고 부르는 것은 바울이 그들의 사회적 위치를 교회 안이라고 할지라도 부정하고 있지는 않다는 점을 보여준다. 종들은 주인에게 순종해야 한다고 말하고 있기 때문에 종의 역할을 부정한 것은 아니다. 그는 모든 일에 있어 주인에게 순종하라고 그리스도인 종들에게 말하는데 종으로서 해야 하는 일에는 예외 없이 주인이 시키는 일을 다 해야 한다는 것이다. "육신의 상전"은 "세상에서의 주인"으로 번역할 수 있는데 세상의 사회 경제적 관계에 근거한 주인을 의미한다. 주인을 "세상에서의 주인"이라고 표현한 이유는 "하늘에 있는 주님"(골 4:1)과 대조하려고 했기 때문이다. 바울은 종들은 "사람을 기쁘게 하는 자와 같이 눈가림만 하지 말고 오직 주를 두려워하여 성실한 마음으로 하라"라고 종들에게 권면한다. 기독교인 종들은 주님을 기쁘시게 하는 신실한 그리스도의 종들로서 눈 가리고 아옹 하면서 사람을 기쁘게 하는 자가 되지 말아야 한다는 것이다. 종들은 주인이 볼 때만 열심히 일하고 주인이 없으면 태만히 하는 위선적 삶의 태도를 가지지 말아야 한다는 것이다. 오히려 성실함과 진지함을 가지고 세상의 주인을 두려워하면서 주인에게 순종해야 한다는 것이다. 에베소서 6:5 상반절("종들아 두려움과 존경함을 가지고 세상에서의 주인에게 순종하라")에 근거해서 골로새서 3:22 하반절에 나오는 "주"는 주님이신 예수 그리스도가 아니라 "세상에서의 주인"을 지칭하는 것으로 볼 수 있다. 하지만 "주"가 그리스도를 지칭한다면 바울은 주님을 두려워하는 것은 지혜의 근본이다(시 110:10; 잠 1:7)는 구약 성경 말씀을 그리스도에게 적용하고 있는 것이다. 기독교인 종들은 육신의 주인 앞에 살아가지만 또한 보이지 않는 주님 앞에서, 그리고 주님을 위하여 살아가야 한다는 것이다. 마음의 중심을 보시는 주님을 두려워하면서 전심을 다해 성실함으로 주인을 섬기고 주인에게 순종해야 한다는 것이다(엡 6:5-7 참조).

바울은 종의 사회적 위치와 역할을 혁명적으로 전환시키지는 않아 주인은 종들에게 권위와 권세를 행사할 수 있는 자격을 가지고 있다는 것을 부정하지는 않았다. 그리스도 안과 새사람들에게 종과 자유인 사이의 차별은 없지만(갈 3:28; 골 3:11), 종의 의무는 엄연히 존재했던 것이다. 바울은 종들의 주인들에게 노예를 자유인으로 놓아주라고 권고하지는 않는다. 빌레몬에게 오네시모를 형제로 대하라고는 했지만 그를 노예생활로부터 해방시키라고는 권면하지는 않는다. 바울이 로마제국의 사회적 구조의 근간인 노예제도를 붕괴시키는 정치적 시도를 바울이 하지 않았다고 오늘날의 관점으로 비판한다면 이것은 바울에게 좀 지나친 요구가 될 것이다. 바울은 로마제국의 노예제도 시행에 대해 정치적으로 저항하지 않았다고 해서 그것을 인정하고 순응하려고 한 것은 아닐 것이다. 오히려 자유인과 종으로 나누는 로마제국의 사회적 세계관을 근본적으로 부정하는 시도를 교회로부터 시작하고 있는 것이다. 교회 안에서는 그리스도와 연합한 주인과 종은 다 같은 하나님의 백성이며 서로를 하나님의 가정의 형제와 자매로 대해야 한다고 가르친 것이다.

23절 _ 무슨 일을 하든지 마음을 다하여 주께 하듯 하고 사람에게 하듯 하지 말라

바울은 22절에서 말한 내용을 다른 말로 표현한다. 종들은 주인이 시킨 일이든 아닌 일이든 관계없이 종으로서 하는 모든 일을 할 때 "마음을 다하여 주께 하듯 하고 사람에게 하듯 하지 말라"라고 바울은 권고한다. 종들은 전심전력을 다하여 자기들에게 주어진 일들을 해야 한다는 것이다. 그리스도인 종은 이 세상의 주인의 종이기 이전에 주님이신 그리스도의 종이라는 사실을 알아야 한다는 것이다(엡 6:6). 기독교인 종들은 단순히 인간 주인들을 위하여 살아가는 것이 아니라 그들의 주인이신 주 예수 그리스도 앞에서 그리고 그 분을 위해서 살아가는 것이다. 주님이신 그리스도를 대할 때 두려움과 절대적 순종의 태도를 가져 성실함과 충성심을 표해야 할 것이다. 그러므로 그들이 단순히 주인만이 아니라 주님을 위해 일을 하는 것이다. 무엇을 하는지 주님의 이름으로 하는 것이다(골 3:17). 그리스도인 종들은 주인이 시켜서 그리고 생존하기 위해서가 아니라 주님이신 그리스도를 섬기는 마음으로 주님의 이름으로 일을 하는 것이다. 이런 태도를 가지고 세상의 주인을 대하라고 권고하는 것이다. 아마도 바울은 종이 주인에게 하는 것은 마치 주님에게 한 것과 같다고(마 25:40-45 참조) 간주했을 수도 있다. 바울은 그들의 정체성과 태도를 예수 그리스도를 중심으로 재조정해주고 있다. 그들은 주인의 종이지만 더 중요한 것은 주님이신 그리스도의 종이다. 그리고 주인이 볼 때만 열심히 일하는 척하는 것이 아니라 주님을 두려워하면서 항상 무슨 일이든지 성실히 행하는 자세를 가지라는 것이다.

24절 _ 이는 기업의 상을 주께 받을 줄 아나니 너희는 주 그리스도를 섬기느니라

바울은 미래에 주님으로부터 받을 유업을 종들이 주인에게 순종하고 전심으로 섬겨야 할 동기로 제시한다. 그는 골로새 교회의 종들이 이 사실을 알고 있다고 믿었다. "기업의 상"은 기업이라는 상을 가리킨다. 기업은 구약에는 아브라함에게 약속된 땅의 기업, 즉 가나안 땅을 지칭한다(창 15:7-8; 신 1:39 참조). 신약에서는 영적으로 해석되어 영생과(마 19:29; 눅 10:25) 하나님의 나라가(고전 6:9-10; 갈 5:21; 엡 5:5) 기업으로 이해된다. 노예들은 원래 유업이 없는 자들이었지만 그리스도인 노예들은 영생과 천국을 기업으로 주님으로부터 받게 된다는 것이다. 이 약속은 많은 종들이 그리스도인이 될 수 있게 만든 매력 있는 말씀이었을 것이다. 기업의 상속자라는 점에서는 그리스도인 주인과 그리스도인 종 사이에는 차별이 없는 것이다. 세상에서의 주인에게 순종하면서 종의 일을 성실히 행하는 것은 단순히 세상의 주인에게가 아니라 주님이신 그리스도에게 종살이하는 것을 의미한다. 달리 표현하면 그리스도의 종으로서 세상의 주인에게 종노릇한다는 것이다. 그리스도인 종들은 비록 세상의 주인들에게 순종하지만 더 근본적인 것은 주님이신

예수 그리스도의 종으로서 주님에게 종살이하고 있는 것이다. 주님의 종이 주님으로부터 받는 상은 영생과 천국이다. 종으로서 열심히 일을 해서가 아니라 주님의 종이 되기만 하면 그러한 축복을 물려받게 되는 것이다. 주님의 종이 되는 것이 바로 구원과 기업을 받는 기초가 되는 것이다.

25절 _ 불의를 행하는 자는 불의의 보응을 받으리니 주는 사람을 외모로 취하심이 없느니라

바울은 종들이 상전에게 순종해야하는 마지막 동기를 "불의를 행하는 자는 불의의 보응을 받으리니"라고 제시한다. "불의를 행하는 자"는 상호 관계에서 책임과 의무를 다하지 않는 자를 가리킨다. 이 사람이 누구를 가리키는지는 분명하지 않지만, 일차적으로 종들일 것이며 주인들도 배제된 것은 아니다. 이 말씀은 종들이 주인에게 불순종하고 주어진 일들을 성실히 감당하지 않으면 상이 아니라 벌을 받는다는 경고이다. 바울은 그리스도인 종들은 그리스도의 종으로서 모든 언행을 그리스도의 이름으로 해야 함에도 불구하고 주인에게 불의를 행한다면 이것은 주님에게 불의를 행하는 것과 같은 것이라는 것이다. "주는 외모로 사람을 취하심이 없느니라"는 종들이 주인에게 순종해야 하는 또 하나의 근거이다. "주"는 그리스도가 아니라 하나님 아버지를 지칭한다. "외모로 사람을 취하심"이라고 번역된 '프로소포렘시아(προσωποληµψία)는 "편애"(favoritism)를 의미한다(롬 2:11; 엡 6:9; 골 3:25; 약 2:1). 이것은 "얼굴을 취하다"라는 히브리적 표현으로서 하나님께서는 겉모습을 보고서 편애하지

않으신다는 유대사상을 담고 있는 표현이다. 이 말씀은 하나님께서는 공평하셔서 주인이든 종이든 사람의 배경과 신분에 상관없이 행위대로 심판하신다는 것을(고후 5:10 참조) 의미한다. 이것은 에베소서 6:8에 잘 나타나 있다("이는 각 사람이 무슨 선을 행하든지 종이나 자유인이나 주께로부터 그대로 받을 줄을 앎이라"). 바울은 하나님께서는 사람의 겉모습이 아니라 중심을 보시므로 종들이 주님을 순종하는 마음을 가지고 살아가는 것이 더 중요하다고 생각한 것 같다.

4장 1절 _ 상전들아 의와 공평을 종들에게 베풀지니 너희에게도 하늘에 상전이 계심을 알지어다

바울은 종들의 주인들에게 권고하고 있다. 3:22-4:1이 주인과 종의 관계를 다루고 있기 때문에 본 절을 3:22-25와 한 단락으로 묶는 것이 자연스럽다. 종들이 상전들에게 순종하는 것이 그들의 의무인 것처럼 상전들도 그들의 종들에게 의와 공평을 베풀어야하는 의무를 가진다. 상전들은 자신들의 종들을 올바르고 공평하게 대해 종들의 행복한 삶을 책임져야 한다. 이 권면은 바울 당시의 로마법과 잘 어울리지 않는다. 로마법에 의하면 노예는 주인의 재산으로 취급되어 사고 팔 수 있었으며 주인이 원하는 대로 처리할 수 있었다. 종이 잘못을 저지르면 때릴 수도 있었고 극단적인 경우에는 죽일 수도 있었다. 로마의 관습에 의하면 주인이 종을 공평하게 대해야 할 의무는 없었다. 물론 노예들을 인간적으로 대해야 한다는 주장은 있었지만 주인과 종 사이에 공평함이 있어야 된다는 개념은 존재하지 않았다. 바울의 이러한 가르침은 종이나 자유자나 그리스도 안에서 다 같은 하나님의 백성이며 교회 안에서 주인과 종은 다 형제와 자매라는 새로운 사회적 가치관에 기초한다. "의"를 베푼다는 것은 의로운 것을 제공하는 것을 의미한다. 이것이 구체적으로 무엇을 가리키는지는 알 수 없지만 하나님께서 예수 그리스도를 통하여 새롭게 정립한 주인과 종과의 관계에 있어서 하나님께서 보시기에 옳은 것을 의미하는 것으로 보인다. 주인과 종의 관계는 주인이 경제적 이익을 위하여 종을 착취하는 사이가 아니라 서로 그리스도 안에서 형제와 자매로서 사랑하고 돌보는 사이가 되어야 한다는 것이다. 그리고 주인은 종에게 공평을 베풀어야 한다. 이것은 종을 주인 자신과 평등한 것을 제공하는 것이다. 이것은 의식주와 같은 생활필수품을 종에게 제공하라는 의미도 있지만 더 나아가 종들을 자신을 사랑하는 것처럼 사랑하라는 말이다. 종들을 무시하고 학대하고 억울하게 해서는 않된다는 것이다. 주인들이 종들에게 의와 공평을 베풀어야 하는 이유는 주인들도 하늘에 계신 주님을 상전으로 모시고 있기 때문이다. 이 말은 종들이나 주인들이나 다 하늘에 계신 하나님의 종들이므로 주인들은 종들에게 정당하고 공평하게 대해야 한다는 것이다. 비록 세상의 사회 경제적 차원에서는 주인과 종의 관계이지만 하나님과의 관계에서는 둘 다 하나님의 종들이다. 주인들은 하나님을 상전으로 섬기기 때문에 하나님의 뜻을 순종해야 하는 것이다. 그 뜻은 주인들이 종들을 사랑으로 대하는 것이다. 주인들도 하늘에 상전이 계심을 명심하여 종들을 함부로 대하지 않아야 한다는 것이다(엡 6:9). 만약 상전들이 자신들의 권한을 악용하거나 남용하여 종들을 학대하면 그들이 하늘에 계신 주님이 그들의 잘못을 심판하실 것을 알아야 한다는 것이다. 종들이 주님을 두려워하듯이 주인들도 하늘에 상전되신 하나님을 두려워해야 함이 암시되어 있다.

III. 메시지와 적용

1. 남편과 아내의 관계

창세기 2-3장에 의하면 하나님께서는 아담과 하와를 창조하시고 두 사람은 부부가 되어 한 몸이 되었다. 하나님의 창조질서에 의하면 아담이 먼저 창조되고 하와는 아담의 갈비뼈를 가지고 창조되었다. 하지만 창조의 순서와는 상관없이 아담은 하와의 남편이 되고 하와는 아담의 아내가 되었다. 그런데 아담과 하와가 하나님께서 금하신 선악과를 먹음으로써 에덴으로부터 추방되게 되었다. 선악과를 먹기 전, 즉 하나님께 죄를 범하기 전에는 남편과 아내의 관계가 사랑과 평등으로 형성되었을 것이다. 그러나 선악과를 먹은 후에는 아담은 하와의 관계가 망가지게 되었다. 아담은 하와가 선악과를 자신에게 주었기 때문에 그것을 먹게 되었다고 말하면서 그녀를 비방하였다. 그리고 하와는 자신의 죄의 결과로 남편이 자신을 다스릴 것이라는 하나님의 심판을 받는다. 남편이 아내를 지배하는 관계가 되어버린 것이다. 아내들이 남편에게 복종하는 것은 바울 당시의 그레코 로마 문화와 유대 문화에서는 당연한 것으로 받아들여졌을 것이다. 이러한 남편과 아내의 관계는 여성의 권리가 신장되기 시작한 20세기 초 전 까지는 동서고금을 막론하고 자연스러운 것이었다. 오늘날 여성의 권한이 신장되고 여성의 사회경제적 위치와 능력이 향상되어 제반적인 면에서 남녀평등의 시대가 전개되고 있다. 그러면 오늘날에도 아내들은 남편에게 복종하는 것이 마땅한 것인가? 바울의 말씀을 하나님의 말씀으로 믿는 아내들은 이것이 주 안에서 마땅한 것이기 때문에 그 말씀을 순종하는 것이 옳은 것이다. 그런데 바울이 가르친 남편과 아내의 관계는 바울 당시의 가부장 문화가 아니라 새로운 관점으로 이해되어야 한다. 특별히 그리스도와 교회 사이의 관계 속에서 남편과 아내와의 관계를 해석해야 한다. 아내의 남편에 대한 순종은 남편에 대한 사랑에 기초한 자발적 순종이지 굴종이 아니다. 그리고 남편은 가정의 지배자이고 아내는 피지배자이므로 남편에게 절대 복종해야 한다는 것은 아니다. 또한 가정에서 남편은 우월적 위치에 아내는 열등한 위치에 있다는 의미가 아니다. 물론 바울의 말은 바울 당시의 남편과 아내의 관계에 대한 사회적 통념을 완전히 초월한 것은 아니지만 그리스도 안에서 남자와 여자가 동등한 하나님의 자녀이라는 신념에 기초하고 있는 것은 사실이다. 이웃 사랑과 남녀평등 사상에 기초하여 부부관계를 다시 정의하고 있다. 상호 사랑과 상호 존중과 배려의 관점에서 남편에 대한 아내의 순종을 이해해야 할 것이다.

남편은 아내를 사랑하며 괴롭게 하지 말라는 말씀은 이런 관점에 근거하고 있다. 바울은 그리스도와 교회의 관계 속에서 남편이 어떻게 아내를 대해야 하는가를 이해하였다. 바울에 의하면 그리스도께서 교회를 보양함과 같이 남편의 지체인 아내를 사랑하고 보호해야 한다. 또한 그리스도가 교회를 완전케 하심과 같이 남편은 아내를 완전하게 해야 한다. 그리고 바울은 부부가 한 몸이라는 말씀에 기초하여 남편이 자기 아내를 사랑하는 자는 자기를 사랑하는 것이라고 말한다. 그러므로 남편이 일방적으로 아내 위에 군림하며 가장으로서의 권한을 마음대로 행사하여 아내를 괴롭혀서는 안 된다는 것이다.

2. 부모와 자식의 관계

기독교인 가정에서 남편과 아내 사이만큼 중요한 관계가 부모와 자식 사이의 관계이다. 부부에게 자식은 하나님의 축복이며 사랑의 대상이다. 또한 자식에게는 부모가 사랑과 공경의 대상이다. 바울에 따르면 부모에게 순종하는 것이 하나님을 기쁘게 하는 것이며 부모를 사랑하는 표현 방법이다. 또한 유교 사상에 의하면 자식이 부모에게 효를 다하는 것이 부모에 대한 예를 다하는 것이며 자식의 도리를 충실히 수행하여 사회적 존경과 인정을 받게 되는 것이다. 동서고금을 막론하고 자녀가 부모를 순종하고 공경하는 것이 자식의 마땅한 도리인 것이다. 부모를 순종하고 공경하는 것은 하나님의 약속과 복을 받아 누릴 수 있는 축복의 길이다. 자식이 부모를 사랑하여 물심 양면으로 공경하는 것은 하나님께서 하나님의 백성들에게 주신 가장 중요한 가정 윤리이다. 주 예수 그리스도를 통해 하나님의 사랑을 받은 그리스도인 자식들이 부모님께 효를 행하는 것은 당연한 일이며 부모를 불순종하는 것은 상상할 수 없는 일이다. 부모를 공경하는 것은 하나님과 예수 그리스도를 기쁘시게 해드리는 것이며 하나님의 영광을 위한 그리스도인 자녀들의 의무이다. 주님의 통치하시는 하나님의 아들의 나라에서 살아가는 그리스도인 자녀들은 주님의 명령을 받들어 부모님을 주님께 하듯 존경하고 순종해야 한다. 이 점은 동양의 효 사상과 밀접한 상관성이 있다.

바울은 공자와 맹자와 달리 효 사상을 논하거나 발전시키지는 않았다. 바울은 효 사상에 대해 체계적으로 설명하지 않고 성도가 지켜야 할 실천적인 윤리로서 제시한다. 바울은 효에 대해 하나님의 축복을 약속하는 구약의 말씀을 인용하여(엡 6:1-3) 성도들이 가정에서 지켜야 할 도덕적 규범으로 제시하고 있다. 불효에 대해서는 이를 죄와 말세의 징조로 이해한다(롬 1:30; 딤후 3:1-2). 이러한 효는 그리스도께서 우리를 사랑하신 것처럼 자녀들이 부모를 사랑하는 표현이며 부모에 대해 자식이 할 수 있는 최고의 도리이다. 믿음의 가정 공동체 안에서 부모가 신앙 공동체뿐만 아니라 생활 공동체의 구성원이므로 경제적으로 부모를 봉양하는 것은 교회론적 그리고 사회적 정의의 실천이라 할 수 있다. 효는 가정에서뿐 아니라 교회와 사회에서 행해져야 할 덕목으로 간주 할 수 있다. 그러므로 교회는 효를 강조하고 가르쳐야 한다. 하나님의 복을 받을 수 있도록 자녀들에게 효를 실천할 수 있는 구체적 내용을 알려주어야 한다. 교회가 효를 실천하는 공동체가 되어 이웃과 사회에 효의 모범을 보여주어야 한다. 효의 의미와 중요성이 퇴색되거나 상실되어 가는 현 한국 사회에 효 운동을 전개하여 건강한 가정과 사회를 만드는데 그리스도인 교회가 기여해야 할 것이다.

그리고 부모들은 자녀들을 사랑으로 대하여 그들이 부모로부터 부당한 대우를 받아 화가 나도록 해서는 안 된다. 그레코 로마 문화에 의하면 가부장(paterfamilias)적 가정에서 아버지에 대한 자식의 공경과 순종은 당연시 되었다. 심한 경우에는 가장은 아이가 자기 마음에 안 들면 죽이기도 하였다. 아버지가 가정에서 절대적인 권위를 가지고 있었기 때문에 자식들의 복종을 강요하고 잘못한 일이 있으면 엄하게 그들을 다스렸다. 오늘날 유교문화의 영향 아래에 있는 기독 신자 아버지도 자녀를 엄하고 부당하게 대하면 자녀들이 부모를 불순종하고 원망하는 경우가 발생할 수 있다. 자식들이 부모의 사랑을 받지 못하고 오히려 학대를 받으면 그들이 부모에게 반항하고 어긋나가 방황하거나 방탕할 수가 있다. 그리스도인 부모들은 자녀들이 자신들의 마음에 들지 않는다고 해서 그들의 인격을 무시하고 윽박지르기보다는 부모가 자녀들이 부모를 순종하고 공경할 수 있도록 먼저 모범을 보이고 주의 교훈과 훈계로 양육하는 것이 먼저 중요하다. 그리스도인의 가정 준칙으로서 자녀를 순종하도록 양육하는 것은 부모의 양육 책임이기도 하다. 자녀들을 사랑하는 마음으로 그들의 처한 사정을 그들의 눈높이로 이해하고 동정하는 마음을 부모들이 가져야 한다. 그리하면 자녀들도 부모의 마음을 알아 부모로 인해 화가 나거나 낙심하지 않을 수 있다. 부모들을 순종하고 존경하는 자녀들이 될 수 있다.

12.
성도들의 지혜로운 삶
(4:2-6)

I. 본문 개관

2-6절은 골로새 교회 신자들의 기도 생활과 믿지 않는 이웃들에 대한 지혜로운 삶을 기술한다. 바울은 골로새 교회 신자들에게 결론적 권면을 하고 있다. 바울은 그의 서신들에서 수신자들에게 기도할 것을 권고하고 또한 자신과 그의 사역을 위해 기도를 당부하고 있다. 새사람이 된 성도는 그리스도의 재림을 대망하면서 영적으로 깨어 있어 어둠의 세상 속에서 영적 잠을 거부해야 한다. 바울은 그가 그리스도에 관한 비밀을 잘 나타낼 수 있도록 골로새 교회 신자들이 기도해 줄 것을 요청한다. 신자는 불신자들을 대할 때 은혜롭고 지혜롭게 복음을 전하며 질문에 기지 있게 대답할 수 있어야 한다고 말한다. 신자는 불신자들의 세속적 삶에 물들지 않으면서도 그들과 교제하며 그들을 전도하여 개종시키는 언동을 해야 한다는 것이다.

II. 절별 해설

2절 _ 기도를 계속하고 기도에 감사함으로 깨어 있으라

바울은 골로새 교회 신자들에게 기도 생활을 열심히 할 것을 권고한다. "기도를 계속하고"는 기도에 헌신하는 것을 의미한다. 이 기도는 개인적인 기도와 교회의 집단적인 기도 둘 다를 포함한다. 기도에 집중하여 쉬지 않고 기도하는 것은 신자의 의무이다(살전 5:17 참조). 기도를 하면서 동시에 취해야 할 행동은 경계를 늦추지 않는 것이다. 깨어있으면서 경계하는 수단은 기도이다. 기도를 통해 영적 민감성을 가지고 사탄과 거짓 가르침으로부터 신앙을 지키고 장차 오실 그리스도를 맞이할 준비 상태를 유지하라는 것이다. 경계의 태도는 감사하는 것이다. 신자는 두려워하고 불안해하면서 기도하는 것이 아니라 하나님의 축복과 돌보심을 확신하면서 하나님께 감사하는 마음으로 기도하는 것이다. 범사에 감사하는 것이 신자의 의무인데(살전 5:18), 하나님께 감사하면서 영적으로 깨어있어야 하는 것이다. 그리스도인으로 살아가기 어려운 상황 속에서라도 하나님의 은혜와 축복들을 감사하면서 영적으로 깨어 있는 것이 필요한 것이다.

3절 _ 또한 우리를 위하여 기도하되 하나님이 전도할 문을 우리에게 열어 주사 그리스도의 비밀을 말하게 하시기를 구하라 내가 이 일 때문에 매임을 당하였노라

바울은 골로새 교회 신자들에게 자신과 그리고 자신과 함께 있는 동역자들의 사역을 위해 기도해 줄 것을 골로새 교회 성도들에게 당부한다. 바울은 중보기도의 필요성과 능력을 확신하여 여러 번 성도들에게 자신과 그의 선교 사역을 위해 기도를 요청했다(롬 15:30-32, 51; 고후 1:11; 빌 1:19; 살전 5:25; 살후 3:1-2; 엡 6:19-20). 기도부탁의 내용은 하나님께서 전도의 문을 열어 주시라는 것이다. "전도의 문"은 원래 "말씀의 문"인데 "말문"이 아니라 복음의 메시지를 전할 수 있는 전도의 기회를 의미한다(빌 1:12-14 참조). 바울은 아마도 감옥 안이든지 아니면 감옥 밖에서든지 어디서라도 복음을 전파할 수 있는 길을 하나님께서 열어 주시길 기도해 달라는 것이다. 하나님은 선교 사역의 길을 여시고 인도하신다(행 10장 참조). 바울이 그런 기도 부탁을 드리는 목적은 자신과 그와 함께 있는 동역자들이 "그리스도의 비밀"을 선포하기 위한 것이다. "그리스도의 비밀"은 그리스도에 관한 비밀 또는 비밀 곧 그리스도로 해석할 수 있다. 전자의 해석에 의하면 비밀의 내용은 예수 그리스도라는 것이다. 후자의 해석에 의하면 비밀은 그리스도라는 것이다. 앞에서 바울이 비밀이 그리스도라고 말했기 때문에 후자가 더 옳은 것으로 판단된다. 그리스도는 그리스도 안에서 역사된 하나님의 구원 계획과 행위에 대한 비밀을 담고 있기 때문에 비밀 그 자체가 그리스도이다. 그리스도는 하나님께서 예수 그리스도를 통하여 이방인을 하나님의 종말의 백성으로 삼으시는 비밀을 드러내셨기 때문에 비밀 그 자체인 것이다. 바울은 그리스도 안에서와 그리스도를 통하여 역사된 하나님의 구원 계획과 역사에 대한 말씀, 즉 그리스도의 복음을 전파하기를 간절히 사모하여 기도 요청을 하였다. 기도 요청의 이유는 복음 전파를 통해 많은 사람들이 이 비밀을 듣고 믿어 구원을 얻을 수 있기 때문이다. 바울은 비밀인 그리스도를 전파는 것 때문에 쇠사슬에 묶여 감옥에 갇힌 신세가 되었다. 그는 복음 전파 때문에 고소를 당해 여러 번 감옥에 갇혔다(고후 11:23; 엡 6:18-19; 참조 행 16:23-40). 그러나 그는 감옥에서도 복음을 전하였다(빌 1:12-14). 그의 몸은 쇠사슬로 묶였지만 하나님의 말씀은 그렇지 않았다(딤후 2:9 참조). 핍박과 감옥살이의 환난에도 불구하고 바울은 복음 전파를 위해 목숨을 건 복음전도자였다(행 20:23-24 참조).

4절 _ 그리하면 내가 마땅히 할 말로써 이 비밀을 나타내리라

바울은 골로새 교회 성도들에게 하나님께서 전도의 기회를 제공해 주시라고 기도부탁을 한 다음 기도 요청을 하나 더 하고 있다. 두 번째 기도부탁의 내용은 첫 번째 내용과 유사하다. 그는 그들에게 이것은 자신이 마땅히 해야 할 일이므로 그리스도에 관한 비밀을 나타낼 수 있기를 기도해 달라고 부탁한다. 바울은 비밀인 그리스도를 그리스도의 계시를 통해 알게 되었는데 이 비밀을 알지 못하는 사람들에게 이것을 분명히 드러내기를 간절히 사모했다. 그는 자신이 이 비밀을 말하는 것을 자신이 반드시 성취해야만 하는 사명으로 이해했다. 그는 이방인의 사도로서 하나님의 아들을 이방인에게 전파하는 것을 하나님의 부르심으로 믿었다(갈 1:15). 하나님의 은혜의 복음을 증언하는 것이 자신의 사명이었다(행 20:24 참조).

5절 _ 외인에게 대해서는 지혜로 행하여 세월을 아끼라

바울은 골로새 교회 성도들에게 불신자들을 어떻게 대해야 할 것에 대해 권면한다. "외인"은 교회 공동체 밖에 존재하는 불신자들을 가리킨다. 유대인들에게는 이방인이 외인들인 것처럼(엡 2:12 참조) 신자들에게는 불신자들이 교회의 구성원이 아니므로 교회 밖에 있는 외인(outsider)인 것이다. 교회 공동체는 세상에서 존재하지만 세상과 불신자들과는 구별된 거룩한 신앙 공동체이다. 신자는 세속에 물드는 것을 조심하면서도 동시에 불신자들을 적극적으로 접촉하여 복음을 전해야 하는 딜레마를 가진다. 바울은 골로새 교회 성도들이 불신자들을 대할 때 지혜로 행해야 된다고 말한다. 이 지혜는 골로새 교회 성도들이 사는 세상의 지혜보다는 그리스도를 통해 알게 된 지혜를 가리킨다고 볼 수 있다. 왜냐하면 바울은 세상의 지혜를 인정하기 보다는 그리스도를 통해 새롭게 정의된 지혜를 추구하기 때문이다(고전 1:18-30 참조). 신자는 그리스도와 성령을 통해 배우고 믿은 지혜를 가지고 불신자들을 대해야 한다. 예수 그리스도의 말씀과 성령의 인도하심을 따라 불신자들을 대하는 것이 지혜로운 것이다. "세월을 아끼라"는 말은 원문에 의하면 "중요한 시간을 사라"를 의미한다. "세월"('카이로스'[καιρός])은 일상적 시간이 아니라 종말론적으로 소중한 시간을 뜻하는데 이 시간을 최대한 활용하라는 것이다. "아끼라"는 소중한 시간을 집중적으로 사는 것을 의미한다. 그리스도를 전하는 일에 적극적으로 동참할 것을 권고하는 것이다. 아마도 예수 그리스도께서 다시 오실 날이 얼마 남지 않았으므로 복음을 전하는 시간에 대해 뭔가를 지불하여 최대한 그 시간을 활용하라는 것이다. 신자는 복음을 전파하는 사역을 위해 종말의 시간을 효율적으로 사용해야 한다.

6절_너희 말을 항상 은혜 가운데서 소금으로 맛을 냄과 같이 하라 그리하면 각 사람에게 마땅히 대답할 것을 알리라

바울은 골로새 교회 신자들에게 불신자들과 교제 할 때 말을 무미건조하게 하지 말고 운치와 재치가 담긴 풍미 있는 말로 대화하라고 권면한다. "너희의 말"은 골로새 교회 성도들이 불신자들과 나누는 대화를 가리킨다. 그런데 이 대화는 항상 은혜로워야 한다는 것이다. "은혜 안에서"의 대화는 상대방을 존중하고 친절하고 배려하는 마음을 가지고 말하는 것을 의미한다. "소금으로 맛을 냄과 같이"라는 말은 은유적인 표현으로서 말에 재치와 기지가 담긴 것을 묘사한다. 불신자들이 신자들에게 그들의 믿음과 생활 모습에 대해 질문을 할 때 관대함으로 재치 있게 처신하면 묻는 질문에 대해 어떻게 대답할지 알게 된다. 신자는 은혜롭고 지혜롭게 복음을 전하면서 질문에 대답할 수 있는 기지가 있어야 할 것이다(벧전 3:15 참조). 신자들은 불신자들과 구분된 성도이지만 그들과 완전히 단절된 생활을 하지 말고 복음을 전하기 위해서도 대화하며 살아야 한다. 불신자와의 언어생활은 항상 친절과 관용의 마음을 가지고 이루어져야 한다.

III. 메시지와 적용

믿지 않는 이웃을 어떻게 대할 것인가?

신자는 주변에 예수 그리스도를 믿지 않는 사람들과 함께 살아

가고 있다. 신자가 그들을 대하는 행동원리 중 하나는 지혜로 행하는 것이다. 기독교인들에게 지혜는 세상의 종교, 윤리, 철학보다는 예수 그리스도를 아는 지식을 통해 터득할 수 있다. 예수 그리스도께서 하나님의 지혜이시므로 그 분을 통해 하나님을 알 수 있다. 하나님을 아는 것이 참 지혜의 기초이며 하나님의 뜻을 따라 살아가는 것이 지혜로운 삶이다. 예수 그리스도의 가르침을 따르면 지혜롭게 살아 갈 수 있다. 예수 그리스도를 본받는 삶이 지혜로운 삶이다. 특히 십자가를 지고 예수님을 따르는 것이 지혜로운 삶이다. 이 세상의 지혜도 예수 그리스도의 빛으로 다시 해석하여 받아들이면 신자에게 유익한 것이 될 수 있다. 하지만 그리스도를 아는 지식에 위배되는 세상의 지혜는 불필요한 것이다. 그리고 불신자들이 기독교인의 믿음에 대해 질문할 때 그 질문에 재치 있게 대답할 수 있어야 한다.

13.
문안인사와 마지막 권고
(4:7-17)

I. 본문 개관

본문은 골로새 교회 신자들에게 마지막 권면의 내용들과 두기고를 천거하는 바울의 추천사를 담고 있다. 첫째 단락인 7-9절은 두기고에 대한 추천사와 오네시모에 대한 간략한 언급을 담고 있다. 바울은 두기고와 오네시모를 골로새 교회 성도들이 잘 영접할 수 있도록 추천하여 보낸다. 바울은 자신이 직접 방문할 수 없는 교회들과는 그의 동역자들과 서신들을 통하여 소통하며 교제를 나누었다. 두기고와 오네시모는 자신의 사정을 잘 전할 수 있는 사랑스럽고 신실한 형제들이었다. 둘째 단락인 10-14절은 바울의 동역자들의 문안인사에 관한 것이다. 바울은 그의 동역자 아리스다고, 마가, 유스도, 에바브라, 누가, 데마의 문안인사를 골로새 교회 성도들에게 전한다. 유스도를 제외하고서는 빌레몬서 23-24절의 문안에 나오는 사람들과 같다. 바울은 그의 동역자들의 문안인사를 전하면서 골로새 교회와의 인사 교환을 통한 소통과 연합을 유지하기를 사모했다. 바울은 솔로 목회자가 아니라 팀 사역자였다. 셋째 단락인 15-17절은 바울의 문안인사와 당부를 기록하고 있다.

II. 절별 해설

7절 _ 두기고가 내 사정을 다 너희에게 알려 주리니 그는 사랑 받는 형제요 신실한 일꾼이요 주 안에서 함께 종이 된 자니라

바울은 그의 동역자 두기고를 추천하여 골로새 교회로 보냈다. 바울은 그의 동역자들을 통해 여러 교회들을 접촉하고 돌보았다. 두기고는 바울의 친밀하고 신뢰받는 동역자였다. 그는 바울과 함께 드로아로 여행하였고(행 20:4) 예루살렘 교회를 위한 헌금을 전달하는 무리에 동참했다. 바울은 그를 골로새(골 4:8)와 에베소(엡 6:21)로 보냈다. 바울은 두기고가 자신의 사정에 대한 모든 것들을 골로새 교회 성도들에게 알려줄 것이라고 말한다. 그는 바울과 함께 사역하였고 로마에서 바울과 함께 있었으므로 그렇게 할 수 있는 사람이었다. 바울은 두기고를 사랑받는 형제, 신실한 일꾼, 함께 종이 된 자로 소개한다. 그는 바울의 신실한 동역자이었기 때문에 바울과 다른 신자들로부터 사랑을 받은 것은 당연하였을 것이다. “형제”는 그리스도를 믿고 따르는 제자들로 형성된 공동체 내의 동료 그리스도인들을 가리키는 초대교회 용어이다(마 5:22-24; 롬 1:13; 7:1; 15:14; 고전 15:18; 빌 3:1). 이는 바울과 두기고가 그리스도를 믿는 공통적 신앙을 통해 결속된 영적 가족임을 의미한다. 바울은 두기고를 “신실한 일꾼”이라고 말하는데 그는 하나님의 말씀과 약속을 전적으로 신뢰하고 순종하며 책임을 성실히 감당하는 믿음직한 일꾼이었음을 알 수 있다. 또한 바울이 맡긴 일들을 성실히 수행하였기 때문에 그렇게 말했을 것이다. 바울은 그의 동역자 두기고를 "주 안에서 함께 종이 된 자"로 소개한다. 바울은 자신을 그리스도가 자신의 삶의 주님으로 받아들이고 그분의 명령에 순종해야 하는 그리스도의 종으로 이해하며 두기고도 주 안에서 같은 정체성을 가진 것으로 간주한다. 골로새서 1:7에서 본 것처럼 바울은 에바브라를 자신과 함께 그리스도의 종으로 여긴 것과 같이 두기고도 똑 같은 그리스도의 "동료 종"으로 간주하고 있는 것이다. 자신과 두기고 사이에서 사도로서는 차이가 있겠지만 그리스도의 종으로서는 같은 것이다. 복음 사역을 위한 동역자와 동료 종이라는 측면에서는 바울과 두기고 사이에 신분의 귀천과 지위의 고하는 없는 것이다.

8절 _ 내가 그를 특별히 너희에게 보내는 것은 너희로 우리 사정을 알게 하고 너희 마음을 위로하게 하려 함이라

바울은 7절에서 언급한 내용을 기초로 8절에서는 두기고를 보내는 목적을 분명히 밝히고 있다. 바울은 자신과 그의 동역자들의 사정을 골로새 교회 성도들에게 알려주려고 두기고를 보냈다. 또한 바울은 두기고가 골로새 교회 신자들을 위로하도록 그를 보낸 것이다. 바울은 그들과 소통하며 또한 그리스도를 통해 한 가족이 된 그들을 돌보고 위로하기를 원했다. 바울은 자신이 직접 가서 하지 못할 경우 그의 동역자들과 서신을 통해 그렇게 하였다. 아마도 골로새 교회 성도들은 신자로서 살아가기 어려운 상황에 처해져 있었을 것이다. 신자들에 대한 로마제국의 핍박이 임박하였다고 느꼈을 것이다. 불신자들 가운데 신자로서 살아가는 것에 대한 어려움도 있었을 것이다. 또한 에바브라와 같은 교회의 지도자가 그들과 같이 없어서 불안해했을 수도 있었을 것이다. 그래서 바울은 자신이 직접 갈 수 없어서 두기고를 보내어 그들의 마음을 위로하려고 한 것이다.

9절 _ 신실하고 사랑을 받는 형제 오네시모를 함께 보내노니 그는 너희에게서 온 사람이라 그들이 여기 일을 다 너희에게 알려 주리라

바울은 두기고와 함께 오네시모를 골로새 교회로 보냈다. 오네시모는 빌레몬의 종이었다(몬 1, 8-18). 골로새에 있었던 오네시모가 어떤 이유로 로마에 있는 바울에게로 왔는지는 정확하게 알 수는 없지만 전통적인 견해는 오네시모가 주인에게 어떤 잘못을 하여 로마로 도망을 왔는데 바울을 통해 신자가 되었다는 것이다(몬 10). 하지만 그가 도망한 노예로서 바울에게 왔다는 해석 보다는 그가 주인 빌레몬 사이에 어떤 문제가 생겨서 빌레몬을 잘 아는 바울에게 중재를 부탁하기 위해 그에게로 왔을 가능성을 완전히 배제할 수는 없다. 바울은 오네시모를 골로새 교회의 신자인 그의 주인 빌레몬에게로 돌려보냈다. 노예인 오네시모를 두기고를 추천한 내용과 같이 신실하고 사랑스런 형제라고 부른다(몬 10-16). 그리스도 안에서 자유자인 바울과 노예인 오네시모가 서로 형제가 되었음을 알 수 있다(갈 3:28 참조). 오네시모가 골로새 교회 출신임을 상기시킨다. 이것이 그를 다시 골로새로 돌려보내는 한 이유인 것이다.

그래서 바울은 빌레몬에게 그를 종이 아니라 사랑 받는 형제로 받아 줄 것을 당부한 것이다(몬 16). 바울은 두기고와 오네시모가 자신의 근황을 골로새 교회 신자들에게 알려줄 것이라고 말한다.

10절 _ 나와 함께 갇힌 아리스다고와 바나바의 생질 마가와[이 마가에 대하여 너희가 명을 받았으매 그가 이르거든 영접하라]

바울은 아리스다고와 마가의 문안인사를 전하고 있다. "나와 함께 갇힌"이라고 번역된 헬라어 원문의 뜻은 "나의 동료 포로"('순아이크마로토스 무'[συναιχμάλωτος μου])이다. 이 상징은 은유적 차원보다는 문자적 차원으로 이해하는 것이 더 타당하다. 그 이유는 아리스다고는 가이사랴에서 로마로 갈 때 바울과 함께 있었고 로마에서 바울의 구금 중에 함께 했었기 때문이다(행 27:2 참조). 아리스다고는 데살로니가 출신으로 바울을 에베소에서 만났고 그와 함께 고난도 당했다(행 19:29). 그리고 그는 데살로니가 교회 대표로 예루살렘 교회를 위한 구제헌금 전달을 위해 바울과 함께 예루살렘에 올라갔다(행 20:4). 그는 바울과 동고동락하는 바울의 동역자이다(몬 24 참조). 마가는 초대 기독교 역사에서 매우 유명하고 중요한 인물이다. 그는 "마가라 하는 요한"이며(행 12:12) 예루살렘에서 성장했다(행 12:25). 여기서 마가는 바나바의 사촌으로 소개되는데 예루살렘에 다락방이 있는 집을 소유한 마리아의 아들이다(행 12:12, 25). "생질"로 번역된 '아네프시오스'(ἀνεψιός)는 "사촌"으로 이해하는 것이 옳다. 그는 바울과 바나바의 일차 전도 여행에 수행원으로 동참하였으나(행 13:5) 밤빌리아 있는 버가에서 예루살렘으로 돌아갔다(행 13:13). 바울과 바나바는 이차 전도 여행을 갈 때 마가를 데리고 가야하는지 말아야 하는지에 대해 서로 심히 다투었고 갈라지게 되었다. 마가는 바나바를 따라갔고 바울은 실라와 함께 전도여행을 떠났다(행 15:38). 그러나 마가는 후에 바울의 신임을 얻은 동역자가 되었고(몬 24), 바울의 사역 말기에 함께 있었다(딤후 4:11). 마가는 일차 전도 여행 중에 실패한 제자이었지만 후에 철저한 제자도를 강조한 마가복음을 기록한 저자이다. 또한 바울은 마가에 대해 너희가 명을 받았으므로 그가 오면 영접하라고 당부한다. 그들 중에 누가 언제 어떤 명령을 받았는지에 대해서는 알 수가 없다. 바울은 옛날에 마가를 높이 평가하지 않았지만 지금은 골로새 교회 성도들에게 그를 환대하라고 부탁할 만큼 그를 인정하고 있는 것이다.

11절 _ 유스도라 하는 예수도 너희에게 문안하느니라 그들은 할례파이나 이들만은 하나님의 나라를 위하여 함께 역사하는 자들이니 이런 사람들이 나의 위로가 되었느니라

바울은 또한 유스도라하는 예수의 문안인사를 골로새 교회 성도들에게 전한다. 여호수아의 헬라어식 이름인 예수는 익숙한 이름이었으며(마 27:16-27; 눅 3:29; 행 13:6) 흔한 이름인 유스도는 그의 성이다(행 1:23; 18:7). 아마도 유스도는 유대인이거나 유대교로 개종한 자였을 것이다. 바울은 아리스다고, 마가, 유스도라 하는 예수를 "할례파"라 부르고 있다. "할례파"라는 번역은 "할례를 받은 사람 출신들"로 번역하는 것이 더 낫다고 판단된다. 이 사람들은 바울의 대적자들인 할례당(갈 2:12; 빌 3:3; 디 1:10 참조)과는 달리 할례를 그들의 정체성으로 가진 유대인 그리스도인들을 가리킨다. 할례는 유대 민족의 정체성 표지이다(창 17:10-14). 아리스다고, 마가, 유스도를 이방인들에게 하나님의 언약 백성이 되는 조건으로 할례를 요구한 유대주의적 유대인 그리스도인들과 같은 부류의 사람들이라고 볼 수는 없는 것이다. 바울은 이 세 사람만을 하나님 나라를 위해 일하는 동역자들로 소개한다. 바울은 유대인들에게 복음을 전하여 그들이 구원받기를 원했지만(롬 9:2-3 참조), 이방인들에 비해 많은 유대인들을 회심시키지는 못했다. 하지만 유대인인 이 세 사람들이 하나님 나라를 위한 바울의 동역자들이기 때문에 그에게 위로가 되었다. "하나님의 나라"는 예수님이 가르친 복음의 핵심 내용인데 하나님의 통치가 역사하는 나라를 의미한다. 예수님의 사역과 말씀의 핵심인 하나님의 나라가 바울의 서신에 자주 등장하지는 않지만 바울이 예수님의 가르침에 대해 알고 있었을 것이다. 하나님께서 하나님을 대적하는 세력들을 무찌르시고 왕으로서 하나님의 백성들을 다스리신다고 믿었다. 그리고 하나님께서 유대인이나 이방인이나 예수 그리스도를 믿는 사람들을 죄와 사탄 그리고 악한 세대로부터 구원하셔서 종말의 새로운 하나님 백성을 구성하시고 그들을 통치하신다고 믿었다. 바울과 그의 동역자들은 복음을 듣는 사람들이 하나님의 통치와 하나님의 구원의 축복들을 경험할 수 있도록 만드는 하나님 나라의 사역을 위해 살았다. 이런 사람들이 바울에게 위로를 안겨다 주었다. 감옥에 갇혀 마음껏 자유롭게 복음을 전하지 못해 안타깝게 여기고 있는 바울에게 하나님 나라를 위해 열심히 사역하고 그의 사역을 돕는 아리스다고, 마가, 유스도는 큰 위로가 되었음이 분명하다. 동역자들이 어려움에 처해 있는 사역자들에게 위로의 원천이 될 수 있는 것이다.

12절_그리스도 예수의 종인 너희에게서 온 에바브라가 너희에게 문안하느니라 그가 항상 너희를 위하여 애써 기도하여 너희로 하나님의 모든 뜻 가운데서 완전하고 확신 있게 서기를 구하나

바울은 에바브라의 문안인사를 골로새 교회 성도들에게 전한다. 에바브라는 골로새 교회 출신이었으며(골 4:12) 골로새 교회 성도들에게 복음을 처음 전한 사역자이다(골 1:7). 바울은 에바브라를 "함께 종이 된 자"("동료 종")로 묘사한 적이 있는데(골 1:7) 여기서는 그를 "그리스도 예수의 종"으로 소개한다. "그리스도 예수의 종"은 주인 되신 그리스도의 명령과 권위에 절대적으로 순종하는 충성된 일꾼을 일컫는 말이다. 바울은 자신과(롬 1:1; 빌 1:1) 동역자들을(고전 7:22; 골 4:12) 그리스도의 종들로 여긴다. 에바브라는 골로새 교회 신자들을 위하여 항상 애써 기도하였는데 그 목적은 그들이 하나님의 뜻 가운데서 완전하고 확신에 차서 서 있도록 하기 위함이었다. 에바브라는 아브라함(창 18장), 모세(출 32장), 그리고 예수님(요 17장)처럼 다른 사람을 위한 중보기도를 하나님께 드렸다. 그가 전도한 사람들이 회심 이후 하나님의 뜻을 분별하면서 영적으로 성숙하여 완전해지고 확신에 찬 가운데 믿음에 굳건히 서게 되기를 기도했다. 특히 이단적 가르침의 유혹과 기독교에 대해 적대적인 환경 속에서 믿음을 저버리지 않기 위해서는 성숙하고 굳건한 신앙이 필요하기 때문에 그렇게 기도했을 것이다.

13절_그가 너희와 라오디게아에 있는 자들과 히에라볼리에 있는 자들을 위하여 많이 수고하는 것을 내가 증언하노라

바울은 에바브라가 브루기아 지방의 세 도시 골로새, 라오디게아, 그리고 히에라볼리에 있는 신자들을 위하여 많은 수고를 하는 사실을 증거한다. 에바브라는 이 세 지역에 교회를 세우고 그들을 돌보았다. 바울은 에바브라의 영성과 기도 생활뿐만 아니라 그들을 위한 수고를 알고서 증거한다. "많은 수고"는 전장에서 최선을 다해 싸우는 수고 또는 육체적 노동을 의미한다. 에바브라는 가만히 기도만 한 것이 아니라 열심히 세 지역을 누비며 교회를 돌보느라 많은 수고를 하였던 것이다. 에바브라가 목회의 일선에서 어떤 많은 수고를 하였는지 구체적으로 알 수는 없지만 이 세 지역에 있는 신자들을 위해 기도하고 가르치며 위로하고 권면하는 다양한 목회활동을 통해 경험한 수고를 일컫는 것일 것이다.

14절_사랑을 받는 의사 누가와 또 데마가 너희에게 문안하느니라

바울은 마지막으로 누가와 데마의 문안인사를 골로새 교회 성도들에게 전한다. 누가는 바울의 동역자로서(몬 24) 전도여행에 동참했으며(행 16:10), 로마까지 동행하였고 로마 옥중에 바울과 함께 있었다(딤후 4:11). 누가는 의사이며 바울의 건강을 돌보아 주었을 것이다. 누가는 누가복음과 사도행전의 저자이며 바울과 친밀한 우정을 나눈 사람이었다. 데마에 대한 구체적 언급은 없다. 아마도 바울은 데마에 대해 잘 모르거나 친하지 않아서 간단히 이름만 언급했을 것이다. 빌레몬서와는(몬 24) 달리 여기서는 동역자란 표현

은 나오지 않는다. 데마는 바울과 함께 있었지만 나중에 세상을 사랑하여 자신을 버리고 떠나고 말았다(딤후 4:10).

15절 _ 라오디게아에 있는 형제들과 눔바와 그 여자의 집에 있는 교회에 문안하고

바울은 여러 사람들의 문안인사를 전한 후 골로새 교회 신자들도 라오디게아 교회 신자들에게 자신의 문안인사를 전해달라고 당부한다. 바울 당시의 교회들은 성도 상호 간의 문안인사를 통해 소통하며 형제애를 나누었으며 교회간의 연합을 이루었다. 라오디게아는 골로새와 약 16킬로미터 떨어져 있었다. 히에라볼리 교회 신자들에 대한 언급이 없는 이유는 아마도 그 교회의 교세가 약했던지 아니면 바울이 그 교회 신자들을 잘 몰랐었기 때문일 것이다. 사실 바울은 골로새 교회도 직접 방문한 적이 없었다. 라오디게아 교회는 아시아 지역에서 재정, 의료, 그리고 행정의 중심지였기 때문에 부유한 지역이었고 교세도 꽤 컸을 것이다(계 3:17 참조). 바울은 라오디게아 성도 중에 특별히 눔바라는 여신자의 이름을 거명하며 그녀에게 바울의 문안과 소식을 전해 달라고 당부한다. 눔바가 거명되고 "그녀의 집에 있는 교회"라고 말한 이유는 눔바가 라오디게아 교회 안에서 매우 주요한 인물이었으며 자신의 집을 성도들의 모임장소로 사용하도록 하여 그 교회에 기여를 한 유력한 사람이었기 때문일 것이다. 초대 교회 신자들은 대개 개인 가정에서 모였다(롬 16:5; 고전 16:19; 골 4:15; 몬 2). 눔바는 과부였거나 아니면 미혼이었을 것이며 라오디게아 교회의 지도자 중 한 사람이었다. 빌립보 교회의 루디아처럼 눔바는 라오디게아 교회의 여성 지도자로서 교회를 섬기는 일에 열심을 다한 인물이었다.

16절 _ 이 편지를 너희에게서 읽은 후에 라오디게아인의 교회에서도 읽게 하고 또 라오디게아로부터 오는 편지를 너희도 읽으라

바울은 골로새서를 회람서신으로 작성하여 골로새 교회와 라오디게아 교회에서 똑같이 낭독되기를 원했다. 바울의 모든 서신이 회람서신은 아니지만 골로새서는 그렇다. 바울의 대부분의 서신들은 각 지역 교회에서 발생한 문제들과 질문들을 해결하는 "상황적 서신"(situational letter)이지만(대표적으로 고린도전서, 갈라디아서), 후에 그 서신들은 함께 모여 회람되어 읽혔으며 이를 통해 소위 "바울 교회"들이 형성되었다. 바울의 서신들은 공동 예배 중에 공식적으로 낭독되었다. "라오디게아로부터 오는 편지"가 어떤 편지를 가리키는지 분명하지 않다. 바울이 회람용으로 라오디게아 교회에 보낸 편지이거나 아시아 지역 회람서신으로 보낸 에베소서일 수도 있다. 만약 전자라면 그 서신은 현재 보존되지 않고 있다. 에베소, 골로새, 라오디게아는 아시아 지방에서 서로 근접한 지역에 위치하였기 때문에 회람용 서신인 에베소서일 가능성이 있다.

17절 _ 아킵보에게 이르기를 주 안에서 받은 직분을 삼가 이루라고 하라

바울은 골로새 교회의 교역자인 아킵보에게 주 안에서 받은 직분을 삼가 이루라는 명령을 그에게 전달할 것을 골로새 교회 성도

들에게 당부한다. 아킵보는 에바브라를 도와 골로새 교회를 목회한 사역자이며 아마도 빌레몬의 아들이었을 것이다. 또한 그는 에바브로디도와 같이(빌 2:25) 바울의 "동료 군사"로 묘사되어 있다(몬 2). 그는 바울의 선교 사역에 적극적으로 동참한 사역자 이었다. 아킵보가 받은 직분은 인간의 노력으로 취득한 것이 아니라 주 안에서 주 예수 그리스도로부터 받은 것이다. "직분"은 교회의 목사, 장로, 집사 등의 직분이 아니라 그리스도로부터 위임받은 사역을 의미한다. 아킵보가 위임받은 사역이 무엇인가는 분명하지 않다. 골로새 교회 신자들에게 설교하는 사역, 그들을 가르치는 사역, 에바브라의 역할을 대신 하는 일 등 여러 제안들이 가능하다. 분명한 내용은 알 길이 없지만, 그 사역이 교회사역과 관련된 것은 거의 분명하다.

III. 메시지와 적용

쉬지 말고 기도하라

성도들은 하나님께 기도를 항상 드려야 한다. 하나님께서는 성도들을 사랑하시고 하나님의 백성의 구원을 완성해 주신다. 그분은 성도들을 택하시고 의롭다하시고 성화시키시고 영화롭게 하신다. 또한 그들을 감화시키시고 능력을 주셔서 복음 사역에 동참하며 복음 사역자들을 돕는 일에 참여시키신다. 하나님의 구원의 복을 수동적으로 받아 누리도록만 하시는 것이 아니라 능동적으로 선교 사역에 참여하도록 하신다. 또한 성도들은 함께 하나님의 선교 사역에 동참하는 일군들의 구원과 안녕을 위해 중보기도를 드려야 한다. 그리고 목회자들은 성도들을 위하여 꾸준히 중보기도를 하나님께 드려야 한다. 기도의 대상은 어느 누구도 빠짐이 없는 모든 성도들이어야 하며 기도의 시간은 기도할 때마다 이다. 성도들을 위한 구체적인 기도제목을 가지고 기도를 해야 한다. 기도의 태도는 의무감만이 아니라 기쁨이어야 한다.

14.
마지막 인사말
(4:18)

I. 본문 개관

바울은 대서자가 아니라 자신의 손으로 쓴 글로 골로새서를 마무리하고 있다. 다른 사람이 아니라 자신이 친필로 골로새 교회 성도들에게 문안인사를 전한다. 바울이 그들에게 부탁하는 것은 자신이 쇠사슬에 매여 있음을 기억해 달라는 것이다. 골로새 교회 성도들을 위한 축도로 서신을 마치고 있다.

II. 절별 해설

18절 _ 나 바울은 친필로 문안하노니 내가 매인 것을 생각하라 은혜가 너희에게 있을지어다

바울은 마지막 인사를 필사자의 손을 빌리지 않고 직접 자신의 손으로 문안인사를 적었다. 바울은 당시의 관습대로 편지를 기록할

때 대서자의 손을 빌렸다. 하지만 자신이 본 서신의 저자임을 분명히 하기 위해 오늘날의 서명처럼 직접 자신이 마지막 부분을 기록했다(고전 16:21-24; 갈 6:11-18; 살후 3:17-18; 몬 19 참조). 바울은 자신의 감옥에서 사슬에 매인 상황을 생각하라고 당부한다. "생각하라"는 원문에 의하면 "기억하라"를 의미한다. 미결수로서 사슬에 묶여 있는 자신을 기억해달라는 것은 단순히 자신이 처한 어려운 상황을 동정해 달라는 것이 아니라 기도를 요청하는 것이다. 바울도 성도들을 자신의 기도 가운데 기억하였다(롬 1:9-10; 빌 1:3; 몬 4; 딤후 1:3). 마지막으로 바울은 골로새 교회 성도들을 "은혜가 너희에게 있을지어다"라고 축복한다. 바울의 서신은 주로 하나님과 그리스도의 은혜가 성도들에게 함께 하기를 기원하는 말로 끝나고 있다(고전 16:23-24; 고후 13:13; 갈 6:18; 엡 6:23-24; 빌 4:23; 살전 5:28; 살후 3:18; 딤전 6:21; 딤후 4:22). 하나님의 돌보심과 자비가 그들에게 있기를 간구하는 축도이다.

선별된

참고문헌

Bockmuehl, Markus. *Revelation and Mystery*. Tübingen: Mohr-Siebeck, 1990.

de Boer, M. *Galatians*. Louiville: John Knox Press, 2011.

Dunn, James D. G. *The Epistles to Colossians and to Philemon*. NIGTC; Grand Rapids: Eerdmans, 1996.

Harris, Murray J. *Colossians and Philemon*. Grand Rapids: Eerdmans, 1991.

Jeremias, Joachim, *New Testament Theology*. New York: Scribner, 1971.

Kim, Seyoon. *The Origin of Paul's Gospel*. Tübingen: Mohr-Siebeck, 1981.

McKnight, Scot. *The Letter to the Colossians*. NICNT; Grand Rapids: Eerdmans, 2018.

Moo, Douglas. *The Letters to the Colossians and to Philemon*. PNTC; Grand Rapids: Eerdmans, 2008.

O'Brien, Peter T. *Colossians-Philemon*. WBC; Dallas: Word, 1982.

한국성서학연구소는
종교개혁의 신학전통을 이어받아
다양한 성서해석 때문에 갈등을 겪는 한국교회를
하나님의 말씀 위에 바로 세우기 위하여 일하고 있습니다.
한국교회가 안고 있는 현실 문제에 대한 성서적이고
올바른 신학적 해석을 제시함으로써 이 땅의 문화가
그리스도의 이름 아래 세워질 때까지
이 일을 계속해 나가겠습니다.

골로새서 산책 - 설교와 통독을 위한 골로새서 연구

초판 1쇄 인쇄 2020년 10월 12일
초판 1쇄 발행 2020년 10월 19일
지 은 이 최흥식
펴 낸 이 이연옥
펴 낸 곳 도서출판 한국성서학
서울 종로구 율곡로 190 여전도회관 1106호
TEL. 02-766-5220, FAX. 02-744-7046
출판등록 제1-1286호(1991.12.21)
총 판 도서출판 두란노(TEL. 749-1059 / FAX. 749-3705)
ISBN 89-86015-14-0 93230

※ 잘못된 책은 바꿔 드립니다.

책값 12,000원